HEYNE〈

Till Freiberg

Die Abzocker

Ein Finanzberater packt aus

WILHELM HEYNE VERLAG
MÜNCHEN

HEYNE SACHBUCH
19/875

Für Maria Pilar

Umwelthinweis:
Dieses Buch wurde auf chlor- und säurefreiem Papier gedruckt.

Taschenbucherstausgabe 07/2003

Lizenzausgabe mit Genehmigung der Deutschen Verlags-Anstalt
Stuttgart München
Copyright © 2002 by Deutsche Verlags-Anstalt GmbH
Stuttgart München

Der Wilhelm Heyne Verlag ist ein Verlag
der Ullstein Heyne List GmbH & Co. KG, München
http://www.heyne.de
Printed in Germany 2003
Umschlagkonzept: Hauptmann und Kampa Werbeagentur,
München–Zürich
Umschlaggestaltung: Christof Berndt/Berndt & Fischer, Berlin,
unter Verwendung eines Fotos von Getty Images, München
Satz: ew print & medien service gmbh, Würzburg
Druck und Verarbeitung: Ebner & Spiegel, Ulm

ISBN 3-453-86922-2

Inhalt

»Eine Art Angstapparat aus Kalkül«
Theodor Fontane, *Effi Briest*

Die Namen wurden geändert,
um die Verantwortlichen zu schützen.

Der Angriff

Erinnern Sie sich an folgendes Telefonat?

Klingeln.

Meier: »Meier.«

Anrufer: »Brot, Guten Tag Frau Meier. Spreche ich mit Frau Helga Meier persönlich?«

Meier: »Ja.«

Anrufer: »Schön, dass ich Sie gleich erreiche. Ich heiße Brot, Jürgen Brot. Vielleicht sagt Ihnen mein Name noch nichts, aber Sie kennen doch Frau Müller aus dem Fitnessstudio?!«

Meier: »Ja, sicher! «

Anrufer: »Sehen Sie. Im Rahmen meiner beruflichen Aufgaben konnte ich Frau Müller und ihrer Familie einige gewinnbringende wirtschaftliche Vorteile aufzeigen. Sie verstehen sicher, dass ich hier nicht weiter darauf eingehen kann. Aber Sie sollen wissen, dass meine Kunden über einen Zeitraum von fünf Jahren betrachtet rund 5000 Euro wirtschaftliche Vorteile erhalten. Jetzt wird es Sie wahrscheinlich interessieren, wie das Ganze funktioniert, nicht wahr?«

Meier: »Ja. Natürlich.«

Anrufer: »Prima, dann schlage ich vor, wir setzen uns einmal zusammen. Ich zeige Ihnen, was ich mache, und Sie treffen dann die Entscheidung, ob das Ganze für Sie interessant ist, einverstanden?«

Meier: »Ja, einverstanden.«

Anrufer: »Frau Meier, lassen Sie uns doch kurz abstimmen, wann wir uns zusammensetzen. Wie sieht Ihre Wochenplanung grundsätzlich aus – passt es Ihnen besser am Vor- oder am Nachmittag oder lieber am Abend?«

Meier: »Am frühen Abend.«

Anrufer: »Gut, dann könnte ich Ihnen für die kommende Woche den Dienstag um 17 Uhr oder den Donnerstag um 18.30 Uhr anbieten. Was wäre Ihnen denn lieber?«

Meier: »Der Dienstag würde mir am besten passen.«

Anrufer: »Prima, Frau Müller sagte, dass Sie verheiratet sind. Ist denn Ihr Mann dann ebenfalls zu Hause?«

Meier: »Ja, der wird auch können.«

Anrufer: »Sehr schön Frau Meier, dann erklären Sie mir doch bitte, wie ich am besten zu Ihnen komme.«

Meier: »Sie fahren am besten links, rechts, geradeaus.«

Anrufer: »Vielen Dank, Frau Meier, ich verspreche Ihnen einen spannenden Nachmittag. Auf Wiederhören.«

Sie meinen, so einfach geht es nicht, mit Ihnen einen Termin zu vereinbaren? Zugegeben, so einfach geht es nicht immer, aber eine simple Erweiterung des zugrunde liegenden Musters beziehungsweise eine einfache Lüge genügen oft, um eine hohe Erfolgsquote zu haben. Vielleicht hätten Sie den Anrufer eingeladen oder wären zu einem Termin in seine Geschäftsstelle gefahren, wenn er Ihnen gesagt hätte, dass Sie einander letzthin auf diesem oder jenem Rhetorik- oder Geldanlageseminar kennen gelernt oder vor Jahren einmal bei dieser oder jener Gesellschaft einen Vertrag abgeschlossen hätten, der nicht mehr den veränderten Gegebenheiten entsprechen könne.

Kontaktmodule gibt es zahlreiche. Man muss nur oft genug üben. Irgendwo dürfte Ihre Lücke sein, ob in der

Altersvorsorge, beim Wunsch nach Absicherung, bei Problemen der Finanzierung etc. etc.

Andere Anbieter nutzen andere Kanäle und Methoden. Das Ziel bleibt immer das gleiche: es geht um den Termin zum Kennenlernen, zur Beratung, zum Verkauf.

Vom Mythos unabhängiger Finanzberatung

Für viele, wenn nicht die meisten von uns, sind Fragen der Finanzplanung, der Geldanlage und des Vermögensaufbaus ein Terrain, auf dem sie sich nicht auskennen und dementsprechend unsicher oder unwohl fühlen. Um sich in dieser Situation zu orientieren, scheint eine unabhängige Beratung, wie sie von zahlreichen Versicherungen, Vermögensberatern, Wirtschaftsdiensten, Finanzvertrieben, Banken und Sparkassen angeboten wird, sinnvoll und verlockend. Sie alle bieten sich Ihnen auch dann an, wenn Sie nur eine Sachversicherung, für Ihr Auto zum Beispiel, abschließen oder etwas für Ihre Altersvorsorge, die Ausbildung Ihrer Kinder oder Ihre Einkommenssicherung tun wollen. Aufhänger gibt es immer: Gestern war es die Besteuerung von Lebensversicherungen, heute ist es die Riester-Rente, morgen werden es vielleicht die Beitragserhöhungen der Krankenversicherungen sein. Möglicherweise wollen Sie sogar Träume realisieren, etwa den Wunsch nach dem eigenen Haus, nach dem Ruhesitz in wärmeren Regionen, oder Sie wollen sich selbst verwirklichen, vielleicht aber einfach auch nur auf Nummer sicher gehen. Die besten Angriffspunkte sind immer Ihre Unsicherheit, Ihre Angst und Ihr schlechtes Gewissen, dass Sie etwas tun sollten. Denn der teuerste Rat dürfte sein, nicht zu handeln.

Eines sollten Sie gleich wissen: Das Versprechen unabhängiger Beratungskompetenz, mit dem außer den Allfinanzvertrieben* inzwischen zunehmend auch Versicherungen, Banken, Sparkassen und Bausparkassen werben, kann keiner von ihnen wirklich einlösen. Da alle, auch die Finanzdienstleister, vom Verkauf der Produkte ihrer Vertriebspartner, manchmal auch eigener leben, kann Sie keines dieser Unternehmen und keiner der Berater dauerhaft unabhängig beraten und betreuen. Dabei ist es gleichgültig, ob die Angebote auf vermeintlich höchstem Niveau für Akademiker via Internet oder ganz herkömmlich für alle im Gespräch und auf Papier angeboten werden.

Der folgende Blick hinter die Fassaden der Finanzdienstleister wird Ihnen helfen zu erkennen, warum Sie trotz Bedenken und Vorsicht dem trickreichen und häufig illegalen Vorgehen dieser Firmen aufsitzen. Der Maßnahmenkatalog am Ende des Buches soll Sie davor bewahren, bei Entschlüssen finanzieller Art produktgebundener oder geistiger Falschmünzerei aufzusitzen. Er kann und will aktuelle Beratung jedoch nicht ersetzen.

Im Zentrum stehen die Strukturen und Methoden von Allfinanzvertrieben, etwa wie ihre Schulungssysteme funktionieren und wie sie neue Mitarbeiter anwerben. Sie dürfen allerdings getrost davon ausgehen, dass Versicherer, Bausparkassenvertreter und Bankangestellte, die auf Sie zu-

---

* Das Zauberwort »Allfinanz« steht für die Strategie, die Kunden in allen Finanzangelegenheiten aus einer Hand zu betreuen. Die entsprechenden Vertriebe sind in der Regel Mehrfach-Agenten, die feste Vertriebs-Vereinbarungen mit einigen Anbietern abgeschlossen haben. Ein Ranking der deutschen Allfinanzvertriebe nach der Höhe ihrer Provisionserlöse finden Sie im Anhang auf Seite 205.

kommen, sehr ähnliche Zusammenhänge und Schulungen durchlaufen haben und vergleichbare Ziele verfolgen.

Obwohl sie das meistens vehement bestreiten, sind die Allfinanzdienstleister in der Regel Strukturvertriebe – vielstufige Hierarchien, bei der die höhere Stufe immer an der Provision der niedrigeren Stufe mitverdient und sich der Aufstieg des Einzelnen parallel zum Erzeugen und Besetzen niedrigerer Stufen vollzieht. Der Einsteiger steigt immer nur gegenüber neuen, von ihm selbst angeworbenen »Strukis« auf, die – wie gerade noch er selbst – Umsatz für wenig Provision produzieren und die ihrerseits später neue Mitarbeiter anwerben, gegenüber denen sie dann aufsteigen. Dadurch entsteht das typische hierarchische Verkäufer- und Provisionssystem, von dem die obersten Ebenen am meisten profitieren.

Das Buch, das Sie in den Händen halten, handelt auch von Ihnen als Kunde oder Kundin – von jemandem, der aufgrund eigener Defizite, Sehnsüchte und Ängste Opfer werden kann. Hier berichtet einer, bei dem Sie möglicherweise in Versuchung geraten wären mitzuarbeiten. Auch wenn es nicht immer kommuniziert wird, geht es in der Hauptsache bei Strukturvertrieben darum, Sie als Mitarbeiter zu gewinnen – ganz gleich, ob als Informant, als Empfehlungsgeber oder als neuen Vertreter. Der Autor des Buches könnte gerade noch bei Ihnen am Tisch gesessen haben.

NICHT ANONYM

Sicher sind Sie schon Kunde einer Bank, einer Versicherung, einer Anlagegesellschaft, eines Vermögensberaters oder eines Strukturvertriebes. Möglicherweise sind Sie sogar Kunde von allen aufgezählten Gesellschaften. Bessere Kenntnisse über einen Markt, auf dem so vorsätzlich wie konsequent gelogen und betrogen wird, können Ihnen dabei behilflich sein, demnächst ein wenig aufmerksamer zu entscheiden, mit wem Sie zusammenarbeiten wollen.

Die im Folgenden geschilderte Firma ist zwar ein Synonym für die meisten Vertriebe, Einrichtungen, Institute, Firmen und Verführer der Finanzdienstleistungsbranche, allerdings bleibt ABT & PARTNER niemals anonym. Denn es sind immer Menschen, die Ihnen als Vertreter begegnen. Sie sind unbekannte Anrufer, Nachbarn, vertraute Bankangestellte, Versicherungsvertreter, Finanzberater oder Consultants. In den gut zweieinhalb Jahren Berufserfahrung, die ich in dieser Branche gesammelt habe, habe ich die Menschen, die dort arbeiten und die in meinem Bericht auftreten, in ihrer Denkweise, mit ihren Listen und Tricks aus nächster Nähe kennen gelernt. Mehr noch: Ich selbst war einer von ihnen.

Was sind das für Menschen, die sich trauen, Sie möglicherweise auch nach 20 Uhr und am Wochenende in Ihrem privaten Bereich zu stören? Wie kommen Menschen, die Ihnen bislang völlig unbekannt waren, auf einmal dazu, in Ihrem Wohnzimmer zu sitzen? Wer sind die Berater, die nur ihr Bestes wollen, woher kommen sie, wie werden sie manchmal zu dreisten, ausgekochten, gar betrügerischen Ratgebern und wie sieht ihre Zukunft aus?

Zunächst einmal: Die Berufsbezeichnung Finanzberater ist gesetzlich nicht geschützt. Anders als bei Ausbildungsberufen wie dem Bank- oder Versicherungskaufmann genügt dem Berater von Allfinanzvertrieben der Gewerbeschein, um hoch komplexe Kapitalanlagen zu vermitteln. Ansprüche an die Mindestqualifikation werden immer nur jeweils hausintern definiert. Die Ausbildung, wenn sie denn diesen

Namen überhaupt verdient, zielt in der Regel nur auf eins ab: das Verkaufen. Weiterbildungsmaßnahmen sind stets an Verkaufserfolge gekoppelt. Hinzu kommt, dass die durchschnittliche Verweildauer eines Beraters in einem Finanzvertrieb stets kürzer wird und bei den vermeintlich Besten der Branche auch nicht mehr viel länger als ein Jahr beträgt. In einem Land der Vorsichtigen, der Bedenkenträger und Schnäppchenjäger ist das Beraterbrot hart verdient, und aufgrund fehlender oder schlechter Ausbildung scheitern viele Vertreter an ihrer Aufgabe. Darüber hinaus gibt es aber auch andere Gründe für die extrem hohe Personalfluktuation.

Die Börsennotierung vieler Finanzdienstleister zwingt deren Vorstände dazu, anhand von Umsatz- und Gewinnsteigerungen zu belegen, dass ihre Börsenbewertungen, die ernstzunehmende Experten für viel zu hoch halten, gerechtfertigt sind. Zweistellige Wachstumsraten pro Jahr gelten als die Regel und als Voraussetzung für eine Kaufempfehlung seitens der Analysten. Der daraus resultierende Erwartungsdruck pflanzt sich natürlich, durch alle Hierarchieebenen der Unternehmen hindurch, bis auf die unterste Ebene der Handelsvertreter und Berater fort. Zu permanenter Steigerung genötigt und an den entsprechenden Kennzahlen gemessen, bleibt ein durchschnittlicher Berater immer hinter den viel zu hohen Erwartungen zurück.

Um den Erwartungen dennoch zu entsprechen, bedienen sich die Unternehmen einfacher, aber wirksamer Bluffs: Sie stellen immer mehr Berater ein, erfinden neue Produktvarianten, Beratungsplattformen, gründen neue Unternehmen und sichern sich über Dynamiken und Prämiensteigerungen, z.B. bei der privaten Krankenversicherung, große Anteile des erwarteten Wachstums, ohne wirklich mehr Kunden gewonnen zu haben.

Bei einigen Unternehmen ist das Bewertungssystem derart pervertiert, dass es für einen Büroleiter ernsthaft Sinn macht, nicht nur über Mitarbeiteranbau, sondern auch über die Auswechslung alter erfahrener Berater zu Gunsten von unerfahrenen neuen nachzudenken. Denn relevant für die Bewertung ist nicht allein die jährliche Zuwachsrate bezogen auf die absolute Mitarbeiteranzahl, sondern auch die erzielte Steigerung pro Mitarbeiter. Diese liegt bei verkürzter Betrachtung zu Beginn der »Karriere« immer bei 100 Prozent: Ein neuer Vertrag eines neuen Mitarbeiters entspricht einer Steigerung um 100 Prozent. Da die Jahresmaßzahl bei einem neuen Mitarbeiter wesentlich niedriger ist als bei einem alten, liegt die Chance, dass ersterer seine Ziele, über den Zeitraum eines Jahres betrachtet, auch wirklich erreicht, bei, sagen wir einmal, 50 Prozent. Hingegen liegt die Chance, dass der gestandene Berater seine Maßzahlen *nicht* erreicht, nach ein paar Jahren bei annäherungsweise 100 Prozent.

ABT & PARTNER befindet sich zudem ständig auf Einkaufstour und übernimmt kleinere und mittlere Maklerunternehmen. »Ältere« Berater werden dann entsprechend schnell ausgewechselt.

Kaufleute leben vom Markt, von Angebot und Nachfrage, von der Differenz zwischen Ein- und Verkauf. Das ist an sich nicht ehrenrührig, geschweige denn ungehörig. In Wirtschaftsmagazinen und von Verbraucherschützern werden häufig die hohen Provisionen angeprangert, die Kunden an die Vertreter, Verkäufer und Berater zahlen würden. Es gehört mittlerweile zum guten Ton, der Branche allein wegen dieser Provisionen zu misstrauen. Mit dieser pauschalen, skeptischen, gar argwöhnischen Betrachtung wird man vielen Beratern indes nicht gerecht.

Fraglos erzielen die Versicherungskonzerne und Finanz-dienstleister märchenhafte Gewinne. Der einzelne Vertreter, möglicherweise auch Ihr Berater, muss sich jedoch in der Re-gel mit den Brosamen vom großen Kuchen begnügen. Eines der bestgehütetsten Geheimnisse der Branche ist, dass viele der so genannten selbständigen Handelsvertreter tief in der Schuldenfalle stecken. Über 90 Prozent von denen, die Ihnen begegnen, leben von ihrem eigenen oder von fremdem Ver-mögen. Das Personalkarussel dreht sich schwindelerregend schnell.

Bis einer von ihnen aufgibt, vergehen manchmal nur Wo-chen, ein anderes Mal Monate, ein drittes Mal aber auch zwei und drei Jahre. Oft steht der Handelsvertreter am En-de seiner Karriere vor einem Scherbenhaufen und hat Schulden in der eigenen Verwandtschaft, bei Freunden, bei Banken sowie meistens bei der Gesellschaft, für die er ge-arbeitet hat. Freundschaften sind zerbrochen, Familien zerrüttet, nicht selten sind auch der gute Ruf und die Ehre dahin.

Der einzelne Kunde spielt keine Rolle

Leiten Sie daraus aber nicht ab, dass der Berater, der schon länger als drei Jahre in der Branche ist, es geschafft hat und Sie mithin seriöser beraten könnte. Selbst wenn Sie einem begegnen sollten, der den Kreislauf der Verschuldung durchbrochen hat, steht dieser unter dem ständig steigen-den Erwartungsdruck seiner Gesellschaft, einmal erreichte Ergebnisse wenigstens zu halten, in der Regel aber zu stei-gern. Wo er das nicht mit dem Verkauf von Produkten der eigenen Gesellschaft schafft, muss er es wohl oder übel durch seine »Vervielfachung« erreichen: das heißt, er muss Mitarbeiter gewinnen, an denen er mitverdient.

Selbst hoch qualifizierte Berater, deren Wissen und Know-how eher überdurchschnittlich ist, dürfen sicher sein, dass ihnen nahe gelegt wird, das Unternehmen zu verlassen, sollten sie hinter ihren bisherigen Umsätzen zurückbleiben.

Rasch wird deutlich, dass die hehren Leitlinien der Unternehmen, ihre Ansprüche an hohe Standards der Aus- und Weiterbildung und die Versprechen, die sie ihren Kunden machen, bloße Farce sind. Eine dieser inhaltslosen Phrasen lautet, Sie als Kunden unabhängig, mit bestem Rat, umfassend und ein Leben lang zu betreuen.

An den Konzernspitzen börsennotierter Unternehmen befinden sich in der Regel Vorstände, deren einzige Aufgabe darin besteht, Analysten zu beweisen, dass sie auch im kommenden Jahr die einmal erreichte Umsatzsteigerung wiederholen respektive übertreffen. Diesem Ziel wird alles untergeordnet. Von Jahr zu Jahr, von Quartal zu Quartal.

Den Repräsentanten und Mitarbeitern der Finanzdienstleister wird so kaum noch Zeit zu fundierter Aus- und Weiterbildung, zur Analyse des ureigenen Geschäftes oder zum Ausfindigmachen tragfähigerer Lösungen gelassen. Und selbst wenn die Kompetenz des Beraters stimmt, finden in der Praxis die fundiertesten Kenntnisse ihre Grenze an den Produkten, die es zu verkaufen gilt. Bei sämtlichen Gesellschaften steht mehr und mehr nicht die Konzentration auf die eigentliche Tätigkeit, die Finanzberatung, im Mittelpunkt, auch nicht die Frage, für wen Finanzberatung interessant ist, sondern einzig und allein das Verkaufen jener Produkte, die die meiste Provision bringen. Und wenn dieses Ziel verfehlt wird, werden die Mitarbeiter, ungeachtet vergangener Leistungen und Ergebnisse, ungeachtet auch der Pflege bestehender Kunden, eben entlassen. Beratung, Betreuung und Pflege sind zu Feigenblättern verkommen.

Im Vorfeld wurde ich mit dem Hinweis auf Repressalien und möglichem Schaden für meine eigene Karriere davor gewarnt, dieses Buch zu schreiben und zu veröffentlichen. Andere wiederum mutmaßten, hier ginge es um die Abrechnung eines erfolglosen und enttäuschten Mitarbeiters.

Meine wirkliche Motivation, sowohl persönliche Nachteile in Kauf zu nehmen als auch mich dem Verdacht billiger Rache auszusetzen, begründet sich indes im Erschrecken über die Strukturen derartiger Unternehmen. Diese sind nicht nur dazu geeignet, die Mitarbeiter genauso wie die Kunden zu knebeln, vielmehr zielen sie geradezu darauf ab.

Die Anzeige

Die gute Platzierung und Größe des Stellenangebotes in der Wochenendausgabe der *Frankfurter Rundschau* unterstreicht die – bei Eignung – in Aussicht gestellte adäquate lukrative Bezahlung. Gesucht werden bevorzugt Akademiker, die selbständiges Handeln gewohnt sind und frei über ihren Arbeitseinsatz entscheiden wollen. Über das Tätigkeitsfeld, über das Unternehmen selbst steht kein Wort in der Anzeige. Jürgen Brot, dringend auf der Suche nach neuen Einkommensquellen, zögert nicht lange und ruft unter der angegebenen Telefonnummer an.

Die Verabredung zu einem persönlichen Gespräch mit einem gewissen Herrn Beyer ist schnell getroffen.

Als Brot sich in Frankfurt vorstellt, hofft er immer noch, sein eigenes, kleines Unternehmen retten zu können. Alles, was er braucht, ist Geld. Die Mienen der Mitarbeiter seiner Hausbank, eben noch überaus freundlich, sind neuerdings verschlossen.

Brot, Mitte 40, hatte vor rund zwei Jahren alle Kräfte gebündelt und die Summe seines Vermögens, seiner Lebenserfahrungen, seiner Kreativität und seines Mutes in ein Unternehmen investiert, das Individualreisen organisiert – vom Ausflug in die nähere Umgebung bis zum persönlich begleiteten Trip zu den Sehenswürdigkeiten dieser Welt. Inzwischen hat er nur noch vor Augen, dass er seinen Zahlungsverpflichtungen bald nicht mehr nachkommen kann und sich dringend zusätzliche Arbeit suchen muss. Am Ende des zweiten Jahres seiner Geschäftsgründung steht Brot wirtschaftlich mit dem Rücken zur Wand.

Es ist August, Ende der 90er Jahre, als sich Jürgen Brot vorstellt. Das Büro liegt am Stadtrand von Frankfurt in einem nüchternen, schmucklosen Viertel aus Bürohochhäusern, Wohnsilos und Lagerhallen.

In den Jahren, in denen Brot im Frankfurter Bankgewerbe gearbeitet hatte, um ein halbwegs vernünftiges Einkommen für seine kleine Familie zu erzielen, war ihm klar geworden, dass Berufe dieser Art zwar nicht unehrenhaft sind, er selbst dabei aber nicht wirklich glücklich wird. Wenn seine junge Frau erst einmal ihr Studium beendet hätte und eigenes Einkommen erzielen würde, so hatte er gehofft, würde er sich etwas anderes suchen, das ein wenig sinnvoller wäre, als anderer Leute Geld zu verwalten.

Doch bevor es dazu kam, gab sie ihm den Laufpass – seine Eintrittskarte in eine heftige Lebenskrise. Nach dem ersten Jahr der Trennung, in dem er sich mit Taxifahren über Wasser hielt, entschied er, wenn er erst wieder bei Kräften wäre, nur etwas zu machen, womit er sich auch identifizieren könnte.

Die Unternehmensgründung im Tourismus passte. Brot, weit gereist und mehrsprachig, hat nicht nur eine Ausbildung zum Reiseverkehrskaufmann absolviert, sondern auch als Reiseleiter Erfahrung gesammelt. Das Geld für seine kleine Unternehmung beschaffte er sich über Freunde und alle ihm zugänglichen Existenzgründungskredite. Mit beharrlichem Einsatz und – wie er selbst einräumte – mit etwas Glück müsste das Projekt doch gelingen.

Das Glück aber ließ auf sich warten, und Widerstände gerade dort, wo er sie nicht vermutet hatte, machten alle Aussichten auf den – zumindest raschen – Erfolg zunichte. Konfrontiert mit den Forderungen und Zahlungsterminen seiner Gläubiger ist die Suche nach alternativen Einkommensquellen Pflicht.

Sie werden gebraucht

Als Brot sich bei Abt & Partner zum Vorstellungsgespräch einfindet, starren ihn die Büroräume hart, nüchtern und schmucklos an. Der Empfang ist kühl, ein wenig beklemmend. Die sehr junge Sekretärin bittet ihn, sich noch ein wenig zu gedulden und Platz zu nehmen. In den zwar nicht unbequemen, aber sehr niedrigen Stuhlsesseln, die um einen kalten Glastisch stehen, fühlt er sich unbehaglich und klein.

Ob Vorsatz oder nicht, er sitzt eingekeilt zwischen einer hohen Garderobe und einem Empfangstresen, hinter dem die Sekretärin wieder unsichtbar verschwunden ist. Von den zahlreichen schwarz gekleideten und geschäftig passierenden Mitarbeitern fühlt er sich gemustert. Natürlich von oben.

Die Wartezeit wird ihm lang und die auf dem Glastisch ausliegenden Wirtschaftsmagazine reizen ihn wenig. »Transit« geht Brot durch den Kopf. Das Gestern noch nicht vergessen, das Morgen noch nicht sichtbar, Aufenthalt im Niemandsland. Das Warten nervt. Es soll beim Besucher das Gefühl des Kleinseins hervorrufen und dementsprechend die Bedeutung des Büroleiters erhöhen, wie ihm später von einem Gruppenleiter erzählt wird. Brot empfindet das bis heute als abgeschmackt. Bei Abt & Partner gehören derlei Unsäglichkeiten allerdings zum Führungsstil.

Unvermittelt wird Brot von einem stattlichen älteren Herrn angesprochen; eine massige Hand streckt sich ihm einladend entgegen: »Herr Brot, entschuldigen Sie bitte, dass Sie so lange warten mussten. Ich heiße Beyer. Herzlich willkommen.« Beyer, mit dem Brot sich telefonisch verabredet hat, ist jenseits der 50 angelangt; sein Verhalten ist aufgeräumt, jovial, selbstgefällig und seine Kleidung, für Brots Geschmack, zu elegant für die schmucklosen Büroräume.

»Darf ich Ihnen einen Kaffee anbieten?«, lädt er Brot ein, in sein Büro mitzukommen. »Haben Sie den Weg gut gefunden?«, fragt er vermeintlich interessiert. Aber ja. Nachdem Beyer seinen Besucher ein wenig nach seinen beruflichen Erfahrungen und seiner persönlichen Situation befragt hat, leitet er über: »Dann füllen Sie doch zunächst einmal diesen Personalfragebogen aus, während ich die Unterlagen hole, die Ihnen zeigen werden, worum es eigentlich geht.«

Brot, irritiert angesichts des einseitigen Frage- und Antwort-Spiels, des außergewöhnlich kahlen, abweisenden Raumes und der glatten Persönlichkeit Beyers, füllt den Fragebogen sorgfältig aus. Dabei ist ihm unbehaglich zu Mute; er findet, dass hier irgendwie nichts zusammenpasst, nichts ihm eine Vorstellung vermittelt, mit der er etwas anfangen kann.

Beyer, der das Büro inzwischen wieder schwungvoll betreten und sich gesetzt hat, macht sich umständlich daran, einen tragbaren Computer in Gang zu setzen, »um«, wie er wiederholt, »Ihnen jetzt einmal zu zeigen, worum es eigentlich geht«.

Beyer, groß und übergewichtig, setzt sich neben ihn und klickt nacheinander bunte Bilder auf den Bildschirm. Brot sieht Münzen, größere und kleinere Geldhäufchen, bunte Papiere, die Aktien und andere Wertpapiere darstellen sollen, grafisch aufbereitete Statistiken und anderes mehr, an das er sich später nicht mehr erinnert. Zu den Bildern hält

Beyer routiniert jeweils kleine Vorträge über den Euro, Inflation, Rentenreform, Krankenkassen, private Vorsorge und Haushalte.

Beyer unterbricht seinen Monolog einzig, indem er immer wieder rhetorisch fragt: »Das sehen Sie doch auch so, stimmt's oder einverstanden?« Er überhört und übersieht, dass Brot innehält, direkt sagt, dass ihm das alles nicht einleuchtet, weil er nicht erfasst, was ihm da gezeigt wird. Brot versteht in der Tat weder irgend etwas »auch so« noch erkennt er die Zusammenhänge zwischen den Bildern. Nur so viel wird ihm klar: Dieser Typ gibt ihm keine Gelegenheit, irgend etwas zu begreifen.

Allerdings hört er immer wieder, dass die Menschen ihn, Brot, dringend bräuchten, dass er durch die bunten Bilder doch klar erkennen müsste, wie wichtig er in diesem Spannungsfeld sei und wie viel Geld er hier verdienen könne. Brot wird aus all dem nicht schlau.

Alle Versuche, ein Gespräch mit Beyer zu führen, gleichen Bemühungen, mit bloßen Händen einen Fisch zu fangen. Beyer, der später sein Abteilungsleiter, seine Führungskraft wird, antwortet auf Fragen nach der konkreten Tätigkeit stets vage und andeutend. Am meisten stören Brot die rhetorischen Gegenfragen und Floskeln wie »Sie können davon ausgehen, dass wir ...«.

Das alles vermittelt den Eindruck, als sei an der Sache etwas faul. Enttäuscht, fast ein wenig angewidert, verlässt Brot das kahle Terrain wieder. Die Einladung zu einem Auswahlverfahren behält er in der Jackentasche. Auf der Rückfahrt würde er den Termin am liebsten vergessen, so fremd ist ihm das alles – Frankfurt, ABT & PARTNER, Beyer. »Was«, fragt er sich, »habe ich hier zu suchen?«

Weil es Brot aber besonders wichtig ist, möglichst kurzfristig wieder zu Geld zu kommen, ohne dabei sein eigenes Geschäft aufgeben zu müssen, relativiert er seine ersten unangenehmen Eindrücke. Angesichts von nur zehn zahlenden Ausflugsgästen innerhalb der letzten Woche findet Brot, dass die Sache doch auch positive Seiten habe. Da ist die in Aussicht gestellte Flexibilität bezüglich seiner Arbeitszeiten und die Perspektive, unabhängig arbeiten zu können.

Gründe genug, um der wenige Tage später eintreffenden schriftlichen Einladung zu einem Eignungstest zu folgen. Ausdrücklich weist man ihn darauf hin, »bitte in kaufmännischer Kleidung« zu erscheinen.

Das unabhängige, international tätige Institut, das das später großspurig Assessment-Center genannte zweitägige Auswahlverfahren durchführt, kommt immer zum gleichen Ergebnis: Der Kandidat ist geeignet. Mögliche Defizite, die die absolvierten Tests im Bereich der sozialen Kompetenz, des mathematischen Grundwissens, der Ausdrucksfähigkeit oder der biografischen Stabilität erkennen lassen, sind nachrangig, unbedeutend. Das liegt weniger an den Tests selbst als an der Absicht von Abt & Partner.

Unerfahren in diesen Dingen, ahnt Brot nicht, dass das Auswahlverfahren in erster Linie dazu dient, das soziale Umfeld des Bewerbers daraufhin zu durchleuchten, ob genügend umsatzversprechende Kontakte und damit potenzielle Kunden vorhanden sind. In zweiter Linie geht es darum, sowohl das Unternehmen als auch die schwer fassbare »Position« für den Bewerber attraktiver zu machen. Erst einige Monate später, als Brot nun seinerseits auf der

Jagd nach neuen Mitarbeitern ist, erfährt er, dass es nichts mit den Ergebnissen der Tests zu tun hat, ob jemand genommen wird oder nicht.

Die Bewerber sollen dem Unternehmen ihre Reverenz erweisen, sollen zeigen, dass es ihnen etwas wert ist und sie sich dafür anstrengen, ausgewählt zu werden. Das Unternehmen positioniert sich. Selbstverständlich war auch Brot geeignet – summa cum laude, versteht sich. Die Botschaft wird durch Beyer sehr vertraulich und verbindlich im persönlichen Gespräch überbracht: »Sie haben es geschafft, sehen Sie mal hier – von den 60 Bewerbern haben nur zehn die Prüfung bestanden.« Irritiert und ein wenig geschmeichelt, fragt sich Brot, was an der Prüfung so schwer war Aber er nimmt die erste Weihe an – einer, der es geschafft hat, während so viele gescheitert sind.

Die Eitelkeit ist eine von Brots ernsthaften Schwächen. Beyer scheint geradezu beglückt: »Sagen Sie mal, Herr Brot, im sprachlichen Bereich haben Sie so deutlich überdurchschnittliche Ergebnisse, wie ich sie noch in keinem Test gesehen habe. Wie kommt das?« Brot erzählt ihm, dass er sich schon seit jeher für Sprache interessiert, dass er allerdings oft auch um Wörter ringen muss und so weiter. Beyer scheinen der Ausgang der Prüfung und die Vorfreude auf einen neuen Mitarbeiter richtiggehend glücklich zu machen. Er malt Brot eine rosige Zukunft aus, an die dieser in seinen kühnsten Träumen nicht zu denken gewagt hatte: »Schon im kommenden Jahr verdienen Sie 50 000 Euro, und das ist erst der Anfang. Das kann ich Ihnen versprechen, Sie sind der ideale Mann für diesen Beruf.«

Brot weiß immer noch nicht wirklich, worum es geht. Aber er lässt sich durch die Schmeicheleien locken. Beyer erzählt von sich, seinen Anfängen bei ABT & PARTNER: Er, der jetzt rund 12 000 Euro monatlich verdienen würde, hätte das doch vor vier Jahren auch alles nicht glauben können. Immer vertraulicher wird sein Ton: »Wissen Sie, ich hatte auch ein eigenes Unternehmen. Das war allerdings ein Familienbetrieb, den ich da übernommen hatte. Aber ich musste immer so viele Rücksichten auf meinen Onkel, meine Tante und die ganze Verwandtschaft nehmen. Dazu kamen die Schwierigkeiten, die ständig wieder zwischen meiner Frau und der Familie aufbrachen, so dass ich mich mit 50 Jahren noch einmal entschloss, etwas ganz anderes zu machen. Herr Brot, ich sage es Ihnen, ich bin glücklich geworden, und Sie werden es auch. Dafür sorge ich.«

Beyer gelingt es, Brot auf die richtige Art und Weise anzusprechen: verbindlich und persönlich. Hier, findet Brot, ist jemand, der ihn ernst nimmt. Einer, der begreift, wie er sich müht und abrackert wie jeder Existenzgründer, einer, der ihm Rückendeckung und eine Perspektive gibt, seine wirtschaftlichen Probleme lösen zu können. Jürgen Brot, jetzt schon viel aufgeschlossener als noch vor Tagen, fährt wieder nach Hause mit dem Gedanken, ganz gleich, was da jetzt kommt, doch noch eine Zukunft zu haben.

ENTSCHEIDENDE KRITERIEN: KONTAKTE UND ANPASSUNG

In dem Frankfurter Büro wird zumindest in den 18 Monaten, in denen Brot das Unternehmen kennen lernt, so gut wie jeder, der bleiben will, genommen. Ausgenommen davon sind allerdings Farbige, selbst wenn sie einen deutschen Pass haben. Als Brot einmal einen jungen Schwarzen, angenehm im Umgang, intelligent und voller Energie, vorstellen will, wird er schon im Vorfeld gerügt: »Stellen Sie sich doch einmal vor, wie das aussieht, einer von uns, einer Weltfirma, die einen Finanzberater schickt, der schwarz ist? Sie haben aber auch Ideen!« Das soll das letzte Wort dazu bleiben.

Dennoch sind die Büroleiter, Abteilungsleiter, Gruppenleiter, Gruppenleiterkandidaten und Mitarbeiter in allen ABT & PARTNER-Büros froh um beinahe jeden, der überhaupt kommt. Gerade jetzt schlägt die Trommel der Mitarbeiterwerbung wieder besonders laut; denn durch die »Riester-Rente« stehen an die 30 Millionen neuer Verträge an, und ABT & PARTNER will sich im Wettlauf um die Altersvorsorgegelder einen möglichst großen Marktanteil sichern. In TV-Spots und ganzseitigen Anzeigen in Wirtschaftsmagazinen wirbt ABT & PARTNER permanent um neue Finanzberater, die den ungeheuren Beratungsbedarf abdecken sollen: Schließlich, so das Unternehmen, stehen die Kunden Schlange, die ein Recht auf unabhängige Beratung haben. »Da brauchen wir Sie.«

Und natürlich werden Sie gebraucht – für den Aktienkurs, aber auch für das Funktionieren des Karriere- und Provisionssystems. Denn jeder verdient an jedem Neuen, und wenn es sich nur darum handelt, aufgrund von Empfehlungen neuer Mitarbeiter ein Bezugsrecht für ABT & PARTNER-Aktien zu erhalten. Willkommen sind Menschen aus allen Berufen: Bäcker, Klempner, Metzger, Sekretärinnen, Versicherungs-, Bank- und Bürokaufleute, Journalisten, Pfarrer, Wissenschaftler, diplomierte Geographen und Biologen, Reiseleiter, ewige Studenten und Studienabbrecher, Friseusen, Verkäuferinnen, Sozialarbeiter, Psychologen, Automechaniker und -händler, Juristen, Fotografen, Lehrer, Ärzte, selbst Bürgermeister. Dass der propagierte Beratungsbedarf im Einzelfall gar nicht existiert, da die Zahl der Gebiete, in denen es keinen mehr gibt, der noch nicht angerufen worden ist, permanent zunimmt, stellt sich immer erst dann heraus, wenn der Neue schon so tief in den Apparat des Unternehmens verstrickt ist, dass der Ausstieg mit erheblichen Einbußen von aufgewendeter Zeit und investiertem Geld verbunden ist.

Ob einer ins Unternehmen passt, folgt hier anderen als den üblichen Kriterien: Wichtig ist nicht, aus welchem Umfeld jemand kommt. Entscheidend ist, ob im Hintergrund genügend Adressen, genügend potentielle Kunden zu finden und zu akquirieren sind. Gleichgültig in welchem Milieu der Bewerber lebt, wichtig sind nur die Kontakte. Die Lebensversicherung für den Maurer unterscheidet sich nur unwesentlich von der für die Bankangestellte, den Lehrer oder den Arzt. Wichtig ist zu Beginn nur, dass man sich anpasst, anpassen lässt, zuerst in der Kleidung, dann in der geistigen Haltung. Obwohl selbständiges Denken und Handeln bei ABT & PARTNER vermeintlich groß geschrieben werden, hat Brot in der freien Wirtschaft noch kein Unternehmen kennen gelernt, das straffer als dieses geführt wird.

Das Rad, über das Bewerber für das Unternehmen akquiriert werden, dreht sich permanent schneller. Selbst bei einer Quote von nur zehn zu eins – wenn von zehn Bewerbern lediglich einer im Netz hängenbleibt, der wieder neu akquiriert – steigt die Anzahl der Mitarbeiter kontinuierlich.

Aus welchen Gründen die neu angeheuerten Mitarbeiter jedoch bereits nach wenigen Tagen jede Vorsicht und Skepsis sowie alle gesunde Menschenerfahrung über Bord werfen, bleibt Brot schleierhaft. Weshalb geraten soeben noch vernunftbegabte Wesen auf einmal in Verzückung, wenn es um ihr Unternehmen, ihre Kollegen, ihre Führungskräfte und ihre Geschäftsleitung geht?

Brot bleibt diese Verwandlung zutiefst fremd, rätselhaft. Unklar bleibt ihm auch, warum gerade die neuen Mitarbeiter im Gespräch so tun, als ob sie schon im Begriff stünden, riesige Geschäfte zu machen – und das, obwohl sie noch keinen müden Euro verdient haben können. »Oder etwa doch?«, fragt sich Brot insgeheim. In dieser Hinsicht profilieren sich Radenkovic, der Installateur, Hinrichs, der ehemalige Geschäftsführer einer mittelständischen Firma, und Lohr, der Automechaniker, besonders.

Trotz seiner grundsätzlich kritischen Haltung fühlt sich Brot dadurch gelegentlich verunsichert. Während er äußerlich halbwegs gelassen bleibt und natürlich auch nicht jedem Kontakt aus dem Weg gehen kann und will, wächst innerlich seine Distanz. Vergeblich sucht er nach dem Grund für die religiös anmutende Begeisterung für die gemeinsame Sache, das Team, den Gruppenleiter, den Direktor, den Seniordirektor, den Firmenchef. Er beginnt sich sogar zu fragen, ob es möglicherweise Schulungen und interne Zirkel gibt, von denen er ausgeschlossen bleibt. Dafür findet er allerdings keine Anhaltspunkte.

DER GRUPPENLEITER

Irgendwann in diesen ersten Wochen nimmt ihn Gruppenleiter Beyer zur Seite und berichtet mit glänzenden Augen und salbungsvoll von einer Begegnung mit dem Geschäftsführer Mommsen: »Als der mir die Hand gab, war ich wie göttlich berührt. Der sagte mir, mit einer Stimme, Herr Brot, glauben Sie mir, wie ich Sie noch nie gehört habe, lieber

Herr Beyer, geben Sie mir Obacht auf meine ABT & PARTNER. Ich sage es Ihnen, mir ist ein Schauder über den Rücken gelaufen. Warten Sie bloß, bis Sie den mal kennen lernen, Sie werden ihn lieben.«

Brot schaudert bei der Vorstellung, dass ihm das gerade einer erzählt hat, der lebenserfahren und einige Jahre älter ist als er selbst. Einer, der vorgibt, soziale Verantwortung zu tragen.

Beyer, vielseitig interessiert, aus bürgerlichem Elternhaus, humanistisch gebildet, gläubig, sozial engagiert und nach über einem Jahrzehnt in der Lokalpolitik mit vielen Wassern gewaschen, strahlt die geballte Wohlanständigkeit aus. Nur seine Laufbahn als Sohn lässt aufmerken. Der stets brave Junge traute sich erst mit 50 Jahren mit seiner Familie zu brechen und den Familienbetrieb, für den er zahllose persönliche Kompromisse eingegangen war, zu verlassen und eigene Wege zu gehen.

Beyer ist verheiratet und besonders stolz auf drei inzwischen erwachsene Söhne, die ihren Weg gehen. Sein Haus ist bezahlt, der Mittelklassewagen auch. Ein sparsamer Mann, der wie kein anderer im Frankfurter Büro in der Lage ist, zu verbergen, was er eigentlich tut und denkt.

Beyer strengt sich ungeheuer an, erfolgreich zu sein. Seit Jahren scheut er keine Mühen, um weiterzukommen, schuftet geradezu doppelt so schwer wie andere. Zusätzlich zu seinen Vertriebsaufgaben in der elterlichen Firma lernte er noch nebenher bei ABT & PARTNER, Versicherungen zu verkaufen und Mitarbeiter zu gewinnen. Er bildete sich mit Computerkursen weiter und verbog sich bis zur Unkenntlichkeit.

Beyer, belesen und informiert, versteht Vertrauen zu bilden. Auf Grund seines großen beruflichen und privaten Bekanntenkreises und seiner Überzeugungsfähigkeit machte er viele Verträge und nahm die Stufen auf der ABT & PARTNER-Karriereleiter schwungvoll. Innerhalb kurzer Zeit wird er Gruppenleiter mit vier Mitarbeitern, nur ein Jahr später Abteilungsleiter mit drei Gruppenleitern. Aber je höher er steigt, desto stärker wird ihm der mögliche tiefe Fall bewusst; denn er steht immer in der Gefahr, überholt zu werden: wenn er den für die Erhaltung der erreichten oder das Erklimmen der nächsten Stufe erforderlichen Eigen- und Fremdumsatz nicht schafft und er von ihm ehemals unterstellten Mitarbeitern eingeholt oder sogar überholt wird, an denen er dann eben kein Geld mehr verdient.

Das heißt, er muss das Rad noch schneller drehen, noch mehr Mitarbeiter, noch mehr zukünftige Gruppenleiter gewinnen, damit er es zur nächsten Stufe, zum Büroleiter, bringt und sich wenigstens ein finanzielles Polster verschaffen kann. Damit er, der in der Familie nicht mehr ganz unumstritten ist, sagen kann: »Ich hab's geschafft – auch ohne euch.«

Mit 55 Jahren ist es nicht mehr ganz so einfach zu springen. Die Tage häufen sich, an denen er, nächtens kurzfristig telefonisch informiert, bereits morgens in Hamburg zum Büroleitertreffen antanzt, am Nachmittag zur Einführungsschulung für Anfänger zum Thema Immobilien verplant ist und abends von Kunden und neuen Mitarbeitern gebraucht wird. Inzwischen hat Beyer einen 15-Stunden-Tag und macht in 18 Monaten nicht einmal Urlaub. Im Grunde hat der Mann nichts zu lachen. Aber er bemüht sich stets und immer wieder mit Erfolg, sein Alles-wird-gut-Lächeln zu verkaufen.

Mit den Jahren wird er skrupelloser. Mitarbeitergewinnung um jeden Preis, denn nur so kommt er nach oben, und

Umsatz, Umsatz, Umsatz. In einem Anlegermagazin kommen im Frühjahr 2000 zwei entlassene Büroleiter zu Wort. Neben vielen kritischen Bemerkungen über ABT & PARTNER räumen sie ein, dass sie dem Dauerstress – trotz ihrer enormen Einkünfte – nicht mehr gewachsen waren.

Langsam, aber sicher legt Beyer Vorbehalte und Vorsicht ab. Wider besseres Wissen rät er Kunden und den eigenen Mitarbeitern zu spekulativen Geldanlagen in geschlossenen Immobilienfonds.* Dieser Rat hat für den Berater einen entscheidenden Vorteil: Die Anlage ist stornosicher. Ist das Geld erst einmal geflossen, kann die Provision, anders als bei Lebensversicherungen, von niemandem mehr zurückgefordert werden. Weitere Methoden, um möglichst schnell an Einheiten auf den für alle einsehbaren Umsatz-Ranglisten zu kommen, sind: Anträge werden nicht mehr sorgfältig geprüft, Beiträge werden schon einmal um ein paar Euro erhöht, Beitragsdynamiken generell mit fünf Prozent eingefügt und fehlende Unterschriften des Kunden eigenhändig eingesetzt.

ERSTE SCHRITTE

Nach dem Auswahlverfahren bleibt Brot zurückhaltend. Immerhin soll er zum Finanzberater ausgebildet werden.

---

* Geschlossene Immobilienfonds, von denen später noch einmal die Rede ist, haben auch bei den Milliardenverlusten der Berliner Bankgesellschaft eine bedeutende Rolle gespielt. Allerdings wird in diesem Zusammenhang nur selten von dem Schaden der Anleger gesprochen, der vergleichsweise genauso groß ist. Das Geld der Anleger ist in der Regel futsch, Makler oder ABT & PARTNER-Vertreter sind kaum haftbar zu machen.

Natürlich wundert er sich über seine alternative Berufswahl – er, der gerade geschäftlich auf seinen ersten Bankrott zusteuert; der es zwar manchmal zu beachtlichem Einkommen, nie aber zur Geldvermehrung gebracht hat; der um die Verlängerung seines Dispositionskredites immer wieder ringen muss; der, weil sein Konto nichts mehr hergibt, wieder einmal den eingeräumten Überziehungskredit überziehen wird, um Geschenke für seine Kinder zu kaufen.

Zu den Einführungsseminaren muss Brot sich selbst anmelden. Fehlinformationen bezüglich der Veranstaltungsorte und -zeiten sind keine Seltenheit. Immer wieder kommt es vor, dass aus ungeklärten Gründen Schulungen an andere als die vereinbarten Orte gelegt werden. Brot ist dreist genug, bei den Sekretärinnen nachzufragen und sich zu beschweren. Die entlarven schnell das Chaos aus Schlampigkeit der Referenten und der grundsätzlichen Unzulänglichkeit des Ausbildungssystemes.

Zu den Schulungseinheiten gibt es begleitende Manuskripte für die neuen Mitarbeiter und Unterlagen für die Schulungsleiter. Aber es bleibt dem Zufall überlassen, ob der Einzelne auch Fotokopien erhält, noch mehr, was er daraus macht. 1999 sind die ersten vier Seminare noch kostenfrei, und in den Pausen gibt es Optimismus und belegte Brötchen.

Parallel zu diesen ersten Pflichtveranstaltungen in Sachen Wirtschaft, jeweils samstags von 9 bis 16 Uhr, soll Brot, wie alle Anfänger, mit den in Aussicht gestellten Kunden Analysen erstellen. Um welche Kunden es sich dabei handelt, wird nicht gesagt.

Brot, weil ahnungslos, bleibt untätig und beschränkt sich darauf, die Kurse in Sachversicherungen, Geldanlage und Verkauf zu absolvieren. An diese erste Etappe schließen sich ergänzend Kurse zu den Themen Altersvorsorge, Immobilien sowie Gesundheitsversorgung an. Nach zehn Wochenenden erhält jeder Teilnehmer Zertifikate über die bestandene Grundausbildung und die Befähigung zur selbständigen Beratung. Brot schmunzelt und kann das Gelesene kaum glauben: Er ist berechtigt, selbständig Beratungen unter anderem zum Thema Altersvorsorge durchzuführen.

Brot denkt weiterhin, dass da noch etwas kommen, eine praktische Ausbildung folgen muss. Seine und die Fragen anderer an die Referenten werden mit Standardsätzen abgefertigt: »Gehen Sie zu Ihrem Gruppenleiter.« Der, schwer zu erreichen, macht sich offenbar so seine Gedanken über den Neuen oder auch keine. Vielleicht traut er ihm nicht richtig, oder traut ihm die Sache nicht richtig zu – Brot ist verunsichert. Später denkt Brot, dass das alles Taktik war, um ihn umso stärker unter Druck setzen zu können.

Während dieser ersten Etappe, in der die eigentliche Aufgabe, das Verkaufen von Versicherungen und Geldanlagen, nie angesprochen wird, fällt Brot auf, dass kritische Fragen verpönt sind. Er beobachtet, dass der eine oder andere, der irgendeine kritische Frage stellt, in den Pausen und nach der Schulung noch einmal persönlich darauf angesprochen wird; auch ausdrücklich aufgefordert wird, den einen oder anderen Punkt noch einmal mit seinem Gruppenleiter zu besprechen.

Von Beginn an wird sehr genau beobachtet, wie die Neuen sich verhalten, was sie sagen, fragen oder denken. Brot würde gerne wissen, wovor sich diese angeblich so erfolgreichen Büroleiter eigentlich fürchten. Allein die Frage, wodurch gewährleistet sei, dass ein bestimmtes Produkt, das über ABT & PARTNER verkauft wird, dauerhaft gut ist, löst beinahe helles Entsetzen aus. Büroleiter Bleich, einer der

Referenten der ersten Stunden, vergreift sich wahrscheinlich nicht im Ton, als er den Neuling einzuschüchtern versucht: »Wie kommen Sie dazu anzunehmen, dass der beste Finanzdienstleister Europas hier Fehler machen kann? Ticken Sie noch ganz richtig? Haben Sie überhaupt eine Ahnung, wovon Sie reden? Sie sollen das Rad doch nicht neu erfinden, das läuft schon, Mann. Wenn Ihnen was nicht passt, wenn Sie ernsthafte Kritik haben, dann machen Sie es doch einfach besser, aber nicht hier, da ist die Tür!«

Die Schulungsleiter scheinen vorsätzlich mit Kanonen auf Spatzen zu schießen. Die Stimmung ist selten gelöst. Das bei ABT & PARTNER gehandhabte Maß an geistiger Kontrolle erinnert Brot an Orwells *1984*. Während selbst intime Winkel seiner Erfahrungen, seines Denkens und seiner Persönlichkeit respektlos ausgeleuchtet werden, wird er ständig mit neuen Botschaften bedrängt und sein Zuwachs an Identifikation mit dem Unternehmen kontrolliert. In den Pausen zwischen den Schulungseinheiten machen die Anfänger dennoch gute Miene zum bösen Spiel. Zumindest vermitteln sie Brot den Eindruck, sich wohl zu fühlen, wenn sie, dicht um die Stehtische gedrängt, Brötchen kauen und Kaffee schlürfen. Brot findet kurze Erholung an der frischen Luft.

Die Personalfluktuation unter den Neuen ist in den ersten Wochen sehr verwirrend. Einige tauchen nur einmal, andere nur wenige Male auf, um dann auf Nimmerwiedersehen zu verschwinden.

Unverhohlen wird Brot häufig gemustert, von den Schulungsleitern in Gespräche verwickelt, vom Büroleiter durchleuchtet. Der Grund ist ihm schon klar: Er soll auf die Probe gestellt werden, ob sich hinter seinen Fragen möglicherweise Beweggründe verbergen, die subversiven Charakter haben.

Brot ist sich ziemlich sicher, dass ihm das gleiche Schicksal droht wie einigen, die sich resistent oder verdächtig verhalten haben: die wurden kurzerhand ausgeladen. Das wird dann auch ganz offen mit warnendem Unterton kommuniziert: »Wir sind die Besten und laden uns doch nicht solche Scheiße ins Boot.« Später, als auch Brot neue Mitarbeiter gewinnen will und den einen oder anderen für das Auswahlverfahren vermittelt, wird ihm nach dem ersten Kennenlernen schroff, versuchsweise verletzend vom Büroleiter mitgeteilt: »Was haben Sie denn da für einen Schrott angeschleppt.« Bei dem Schrott handelt es sich um einen 40-jährigen Theologen und einen 42-jährigen Sozialpädagogen, die sich die Freiheit genommen haben, die eine oder andere kritische Frage zu stellen.

Von einigen Ausnahmen abgesehen werden Intellektuelle grundsätzlich, zumal wenn sie kritische Fragen stellen, als vertriebsuntauglich, im Frankfurter Büro des Unternehmens als schwachsinnig oder trottelig abgestempelt.

In diesen ersten zehn Wochen lässt man Brot, im Gegensatz zu anderen, in Ruhe, und das, obwohl bei rigoroser Anwendung des ABT & PARTNER-Leitfadens schon genügend Gründe zusammenkämen, sich von ihm zu trennen. Irgendwie verhält er sich anders als die anderen, trägt immer noch keinen dunkelblauen Anzug, und seine harmlos gemeinten Bemerkungen zu diesem oder jenem bewegen sich immer im Grenzbereich des gerade noch Erlaubten.

Dazu gehören Fragen wie etwa die nach den Versicherungsunternehmen Debeka und HuK, die besonders Beamte und Mitarbeiter des öffentlichen Dienstes an sich binden und dort großes Vertrauen genießen. »Warum«, so traut Brot sich zu fragen, »nutzen wir deren Angebote nicht?« Die Frage wird nie beantwortet.

Beyer, der eigene Ziele verfolgt, hat seine Gründe, schützend die Hand über Brot zu halten: Zum einen macht Brot keinen dummen Eindruck, hat offenbar erstaunliche kommunikative Fähigkeiten und verfügt zum anderen über so viele Kontakte, dass er verspricht, eine höchst interessante Einkommensquelle abzugeben. Beyer schlägt, indem er sich einfach nicht rührt, zwei Fliegen mit einer Klappe. Würde er Brot runterputzen, würde der auf der Stelle gehen, soviel ist ihm klar. Andererseits wird Brots finanzielle Situation Woche für Woche immer prekärer, so dass die verrinnende Zeit für Beyer arbeitet.

MIRIAM

In diesen Wochen, in denen er sein Unternehmen vor dem Konkurs zu bewahren versucht, sich wochentags noch ein wenig Zeilenhonorar durch die freie Mitarbeit bei zwei regionalen Zeitungen dazu verdient und sich am Wochenende zum Finanzberater ausbilden lässt, lernt Jürgen Brot seine ehemalige Nachbarin, Miriam Bork, näher kennen. Jahrelang haben sie im gleichen Haus gelebt, beinahe Tür an Tür. Miriam macht aus ihrem Leben ein Geheimnis. In dem Mietshaus bleibt sie unter den sechs Parteien offenbar vorsätzlich isoliert. Sie schottet sich ab. Selbst im Sommer, wenn sich einige Nachbarn gelegentlich zum Grillen zusammensetzen, nimmt sie sich nicht einmal die Zeit für einen kurzen Plausch.

Das ist eben so und stört weiter nicht. Nur manchmal sieht Brot, wie ihr braver, stiller Junge abends hinter dem Haus mit seinem kleinen Hund spielt. Da sich Brot, wann immer es seine Zeit erlaubt, auf seinem Balkon mit Blick direkt in den Wald aufhält, hört er die behutsame Stimme des Jungen, der seinen Hund immer wieder zu kleinen Kunststücken animiert.

Brot berührt das Verhältnis zwischen Mutter und Sohn. Er freut sich über einen Umgangston, den er lange vermisst hat: Völlig ungezwungen plaudern die beiden über den Hund, die Schulaufgaben oder über Dinge, die noch zu erledigen sind. Alltagskram – doch der Ton gefällt ihm. Mehr weiß er nicht von der Kleinfamilie Bork.

Als Brot umzieht, verabschiedet er sich bei allen Hausbewohnern, eingeschlossen Frau Bork, mit einem Prospekt seiner Ausflugsangebote und lädt dazu ein, bei Familien- oder Betriebsfeiern seine Touren und Unterhaltungsangebote doch einmal zu testen.

Nur wenige Wochen später ruft Miriam Bork in Brots neuer Wohnung an, um sich und ihren Sohn für eine Rundfahrt durch die nähere Heimat an einem Sonntag Anfang Oktober anzumelden. Für die wirbt Brot immer noch regelmäßig im lokalen Veranstaltungskalender.

Obwohl die Rundfahrten nur selten ausgebucht sind, besteht Frau Bork darauf, ihr Ticket im voraus zu bezahlen. Sie verabreden sich in Brots Büro. Miriam, die gleich zum Du übergeht, bleibt zum Kaffee. Sie spricht wenig und wenn, dann so schnell und leise, dass Brot Mühe hat, sie zu verstehen. Die Wörter huschen über ihre kaum geöffneten Lippen, die sie so schnell wie möglich wieder zusammenpresst. Nach einer knappen Stunde mühevollen Dialogs geht sie.

Neben Miriam und Jonas nehmen noch vier weitere Gäste an der Tour teil. Während der Rundfahrt bleibt Miriam reserviert. Wie gewöhnlich verfliegen die Stunden bis zum Abschied viel zu schnell. Der Dank der Fremden ist herzlich. Für Jonas allerdings, sehr brav, sehr wohlerzogen, war das Ganze wohl weniger prickelnd und – da ist sich Brot sicher – auch kaum für Miriam. Brot ahnt, dass die Tour nur ein Anknüpfungspunkt, ein Aufhänger für Miriam war, ihn auf einer anderen Ebene kennen zu lernen.

Noch am gleichen Abend ruft sie ihn an und sagt ihm, dass sie sich wohl »ein wenig zu herb« verabschiedet habe. Sie bemüht sich, ihm zu verstehen zu geben, dass Jonas und ihr die Tour wirklich gut gefallen habe. Schließlich fragt Brot sie ganz direkt: »Willst du mal mit mir ausgehen?« »Ich kann abends nicht«, entgegnet sie, um hinzuzufügen, dass sie sich ja auch einmal am Nachmittag treffen könnten. Seitdem telefonieren sie gelegentlich miteinander, treffen sich und verbringen die erste gemeinsame Nacht.

Da beide auf nicht sehr glückliche Partnerschaften zurückblicken, kommen sie überein, ihre Sympathie für einander möglichst vernünftig zu behandeln, in gegenseitigem Respekt und ohne zu hohe Erwartungen an die Liebe.

Neben vielen anderem sind auch ihre Lebenssituationen sehr unterschiedlich. Während Miriam als Angestellte ihr Leben und ihre Finanzen sehr gut im Griff hat, drohen Brot Gefahren von allen Seiten. Zwei Monate später bietet ihm Miriam persönliche und materielle Hilfe an.

Brot will keine Geschenke annehmen, kann aber ihr freundlich gemeintes Angebot im Grunde nicht ablehnen. Letztlich wird ihm und ihr klar, dass er ohne ihre Starthilfe auch das Projekt ABT & PARTNER nicht weiter verfolgen könnte. Er nimmt ihre Leihgabe an. Wenn erst die Provisionen fließen, die er bei ABT & PARTNER verdienen kann, wird ihm das die Möglichkeit geben, alle Darlehen wieder zurückzuzahlen.

Nach knapp drei Monaten – die Grundausbildung liegt gerade einige Tage zurück – erhält Brot zu Hause ein Fax, dessen Inhalt und barscher Ton ihn befremden. Ohne Anrede steht da: »Wo bleiben Ihre Analysen? Beyer, Büroleiter.«

Was das heißen soll, ist Brot bekannt, inzwischen auch, was Analysen sind. Dennoch faxt Brot prompt zurück: »Was soll das, was soll der Ton?«

Analysen sind standardisierte Datenerhebungen: umfangreiche Fragebögen, die ein Berater mit seinem Kunden bearbeitet. Die Fragen beziehen sich auf wirtschaftliche und persönliche Details eines Kunden bzw. Haushalts. Erfasst werden alle persönlichen Angaben wie Herkunft, Werdegang, berufliche Position, Gesundheitszustand, Ein- und Auskommen, ob und welche Kreditkarten genutzt werden, sämtliche Daten bestehender Versicherungen von der Haftpflicht- bis zur Krankenversicherung, Details von Finanzierungen, Rentenansprüche, Besitz und Vermögensverhältnisse, Verbindlichkeiten, Geschwister, mögliche Erbansprüche und persönliche Ziele.

An diese Analyse schließt sich grundsätzlich die Frage an: »Wollen Sie das verbessern, fänden Sie es gut, wenn Sie in dem einen oder anderen Fall zukünftig weniger bezahlen müssten oder dort zukünftig eine höhere Rendite erwarten dürften?«

Im Kern geht es bei der Analyse darum, herauszufinden, welche Produkte man dem Kunden am besten noch aufschwatzen und welche er gegen neue austauschen kann, die häufig nur vermeintlich besser sind, dem Berater aber Provision bringen. Um an das Geld des Kunden heranzukommen, muss man ihm also ein Problem aufzeigen beziehungsweise erst verschaffen. Der Kunde soll in der Analyse Unbehagen, Schmerzen fühlen, am besten ein bisschen bluten. Im Einzelfall schreckt der Berater nicht davor zurück, die Verantwortung des Kunden für seine Familie, insbesondere seine Kinder dramatisch ins Zentrum des Gesprächs zu rücken. (»Der schöne Wagen vor der Tür, gehört der Ihnen? Und die Zukunft Ihrer Kinder ist Ihnen wohl gleichgültig!«) Anschließend bietet man dem Kunden eine Lösung seiner Probleme, Heilung seiner Schmerzen, Auswege aus seiner Misere an und macht ihm den Nutzen dieser Lösung so schmackhaft, dass er ihren Preis übersieht.

Dazu bedient sich der ABT & PARTNER-Berater themenbezogener Schaubilder, entweder auf Papier oder via Computerbildschirm. Diese Folien stellen sicher, dass keine Frage ungestellt bleibt und die Probleme visualisiert werden. So ist zum Thema Altersvorsorge ein offensichtlich gut betuchtes Rentnerpaar unter mediterraner Sonne abgebildet, das sich in einem offenen Cabrio amüsiert.

Auf der gegenüberliegenden Seite sieht der Kunde gut nachvollziehbare Statistiken zur Entwicklung des Rentensystems und der Bevölkerung. Daran schließen sich Tabellen an, die zur Erfassung aller bisherigen Maßnahmen und Vorsorgeaufwendungen dienen.

»STELLEN SIE SICH EINMAL VOR ...«

In einer vereinfachten Version sieht ein solches Beratungsgespräch – Beispiel Altersvorsorge – folgendermaßen aus: Brot sitzt, wie er gelernt hat, rechts von seiner Kundin, damit er als Rechtshänder beim Schreiben nicht das Bild und das Notierte verdeckt. Frau Meier, natürlich interessiert, blickt Brot an oder richtet ihren Blick bereits auf das untergeschobene Foto.

Brot: »Liebe Frau Meier, beschreiben Sie mir doch einmal – so aus dem Bauch heraus, und schauen Sie dabei ruhig dieses Foto genauer an –, wie Sie sich Ihren Ruhestand vorstellen?«

Meier: »Ich weiß nicht.«

Brot: »Lassen Sie mich Ihnen ein wenig helfen. Wäre es nicht schön, wenn Sie auch im Alter gesund wären und in Ihrer vielen freien Zeit tun und lassen könnten, was Sie wollen? Stellen Sie sich doch einfach einmal vor, dass Sie auch noch genügend Geld hätten. sich alles zu leisten, was Sie wollen, zum Beispiel zu reisen – wäre das nicht schön?«

Meier: »Ja sicher, das wäre schön.«

Brot: »Sehen Sie, das wäre doch schön. Aber glauben Sie auch, dass Ihre Rente reichen wird?«

Meier: »Wahrscheinlich nicht, ich weiß nicht genau.«

Brot, indem er auf die zweite Seite zeigt, setzt nach: »Sehen Sie mal hier: Unser Rentensystem ist ein Umlagesystem. Das heißt, dass es in den Rentenkassen keine Reserven mehr gibt. Früher war das anders. Vor rund 100 Jahren haben viele Werk- und Berufstätige sehr wenige Rentner finanziert. Und die sind dann auch noch früher gestorben. Schon heute finanzieren sehr viel weniger Berufstätige die Rentner, die auch noch länger leben. Im Jahr 2020, dann, wenn Sie in Rente gehen, teilen sich zwei Berufstätige einen Rentner. Können Sie sich ernsthaft vorstellen, dass Sie, wenn überhaupt, genügend Rente bekommen werden?«

Meier: »Sicher nicht!«

Brot: »Stellen Sie sich einmal vor, dass Sie im Alter nicht nur gesund und rüstig wären, sondern auch noch so viel

Geld zur Verfügung hätten, dass Sie sich Ihren Vergnü-
gungsstand sorglos leisten können. Wäre das gut?«

Meier: »Na sicher, das wäre gut.«

Brot: »Dann schlage ich vor, dass ich Ihnen zeige, was Sie
tun müssen, damit Sie im Alter die Villa bewohnen können,
die Sie wirklich wollen, und vielleicht auch den Wagen fahren, den Sie sich schon immer gewünscht haben. Sind Sie
damit einverstanden?«

Meier: »Ja.«

Brot: »Sagen Sie doch mal – so vom Gefühl her –, wie viel
Sie heute monatlich investieren würden, um Ihr Ziel zu erreichen, eher 200 oder 300?«

Meier: »Na ja, ich weiß nicht. Ich dachte eher so an einen
kleineren Betrag von höchstens 100 Euro.«

Brot: »Gut, dann also 100 Euro. Sind Sie sicher, dass Sie
sich das wirklich dauerhaft ab sofort leisten können?«

Meier: »Ja.«

Brot: »Gut, dann notiere ich einmal hier, dass Sie ab sofort
100 Euro sparen können. Einverstanden?«

Meier: »Ja, das geht.«

Erst jetzt, nachdem er der Kundin ein Problem verschafft
und ihre Anlagebereitschaft abgefragt hat, wird Brot sie
nach ihren bisherigen Vorsorgeaufwendungen befragen
und zur eigentlichen »Analyse« übergehen. Daraus werden
sich dann möglicherweise noch andere »Lücken« oder
mangelhafte Produkte ergeben, die sie schnellstens durch
die besseren, von ABT & PARTNER vermittelten ersetzen sollte.

In einem TV-Spot von ABT & PARTNER, der durchs Abendpro-
gramm fegt und auch die Werbepausen von Wirtschaftsmagazinen füllt, die sich gerne als kritisch und verbraucher-
freundlich bezeichnen, stellt eine junge Frau ihrem gerade
von der Arbeit nach Hause kommenden Partner die Frage:
»Liebling, was meinst du wohl, wer uns den nächsten Urlaub bezahlt?« Ihrem fröhlichen Tonfall und ihrem beglück-
ten Lächeln ist zu entnehmen, dass sie die Antwort schon
weiß; natürlich ist es kein anderer als der ABT & PARTNER-
Berater, mit dem sie gerade einen Termin für die betreffende Analyse vereinbart hat.

Um seine Produkte an die Frau und den Mann zu bringen, gibt ABT & PARTNER vor, bestehende Versicherungen
und Geldanlagen unabhängig zu analysieren und nach für
den Kunden vorteilhafteren Alternativen zu suchen. Andere
Finanzvertriebe behaupten, individuelle Finanzplanungen
für jeden Lebensabschnitt spezieller Berufsgruppen entwickeln zu können.

Das Geschäft aber heißt in allen Fällen: Verkauf von Versicherungen und Geldanlagen aller Art. Die Verkaufs-
methode dafür: die Überprüfung oder der Check-up und
die Analyse bestehender Versicherungen und Geldanlagen.

Im Einzelnen behauptet ABT & PARTNER:

1. Mit Wirtschaftsberatung individuell prüfen zu können,
   wo Kunden Einsparungen erzielen und Kosten senken
   können.
2. Das gesamte Spektrum von Finanzdienstleistungen und
   gesetzlichen Möglichkeiten, die für den privaten Haus-

halt von Bedeutung sind, überprüfen und verbessern zu können.

3. Auf dem Markt der Finanzdienstleistungen unabhängig zu sein und auf den gesamten Markt zugreifen zu können.

4. Aus dieser Neutralität heraus objektiv und sachlich vergleichen zu können.

Alle diese Behauptungen sind das, was sie sind: Behauptungen. Der Wahrheitsgehalt tendiert gegen Null oder auch: Wahr davon ist nichts, das Gegenteil aber die Regel.

Jeder Finanzberater von ABT & PARTNER hat verinnerlicht, dass er sich auf einem Verdrängungsmarkt bewegt, und sein zentrales Interesse ist, neue Verträge zu verkaufen. Sehr viele Kunden gewinnt er dadurch, dass diese sich mit eingegangenen finanziellen Belastungen, die monatlich, quartalsweise, halb- oder jährlich anfallen, überfordert fühlen. Da locken die in Aussicht gestellten ABT & PARTNER-Versprechen sehr: »Weniger ausgeben, mehr erzielen.«

Tatsache aber ist: Ist es einem ABT & PARTNER-Vertreter erst einmal gelungen, sich den – in vielen Fällen gesetzwidrigen – Zugang zum Kunden über das Lockmittel, Einsparungen zu erzielen, zu verschaffen, hat er am Ende seines Besuches den Kunden im Normalfall dazu gebracht, dass dieser zukünftig mehr Geld ausgibt.

Lediglich die Aussicht bzw. vage Hoffnung, mit den neuen Produkten am Ende eine höhere Rendite zu erzielen, alle Steuervorteile und staatlichen Förderungen in das eigene Portfolio eingebunden zu haben, hat gesiegt. Die Methode ist einfach und funktioniert per Taschenrechner oder zunehmend per Computer. Auf dem wird der zusätzliche Gewinn anschaulich.

ABT & PARTNER behauptet, im eigenen Haus die Güte je-

des Anbieters überprüft zu haben und ständig zu überprüfen, und zwar anhand der Merkmale Bonität (Rücklagen
des Anbieters), Reklamationshäufigkeit (was Rückschlüsse
auf eine zögerliche Abwicklung im Schadensfall zulässt)
und Servicefreundlichkeit. Tatsächlich aber stellt ABT &
PARTNER seinen Vertretern lediglich allgemeine, via Presse,
Funk, Fernsehen und Internet zugängliche Publikationen
zur Verfügung. Diese sind häufig veraltet und enthalten
meist Daten, die von den Partnerunternehmen veröffentlicht wurden. ABT & PARTNER und seine Vertreter haben
kaum Mittel, geschweige ein Interesse daran, hier die Güte
der Angebote und Anbieter auf den Prüfstand zu stellen.
Das einzige Interesse gilt dem Geschäft.

Kunden, die nicht von ABT & PARTNER angebotene bzw.
ABT & PARTNER-kompatible Produkte anderer Gesellschaften haben, werden gerne mit Ranglisten über Güte oder
Rendite konfrontiert, die diese Produkte in einem schlechten Licht erscheinen lassen. (Ein Vorgehen übrigens, das das
Unternehmen in seinen eigenen Verträgen dem Berater als
rechtswidrig verbietet.) Hemmungslos werden bestehende
Versicherungsverträge so lange vergleichend analysiert, bis
die Berater die entsprechenden Verkaufsargumente zur
Hand haben. (Auch hier verstößt ABT & PARTNER gegen gel-
tendes Recht, indem das Unternehmen permanent herabset-
zende Äußerungen über Wettbewerber aufstellt.) Wenn
auch manchmal mit mulmigem Gefühl wird dann oft vor-
schnell eine vermeintlich minderwertige alte Lebens- oder
Rentenversicherung geopfert, sprich gekündigt.

Zwar könnte der ABT & PARTNER-Berater aufgrund seines
Status' als freier Handelsvertreter theoretisch Produkte anderer Unternehmen vermitteln, allein, von ABT & PARTNER
abhängig, erhält er dafür keine Provisionen. Zudem ist es

ihm laut Arbeitsvertrag verboten und wird mit empfindlichen Strafen bis zu 7500 Euro geahndet: »Dem Handelsvertreter ist es nicht gestattet, Produkte zu vermitteln, die nicht in der Provisionsliste, im Produktplan des Unternehmens enthalten sind.«

WO SIND DENN NUN DIE KUNDEN?

Als Brot das Fax liest, das ihn nach seinen Analysen fragt, ist er noch lange nicht so weit und dementsprechend empört. Beyer und alle anderen Kursleiter hatten in den ersten Wochen stets versichert, die ersten fünf Analysen würden nur gemeinsam mit einem erfahrenen Berater erhoben werden. Brot hatte das trotz aller Merkwürdigkeiten geglaubt, ja rechnete bis dahin wirklich noch mit seriösen Absichten und einer soliden Ausbildung durch das Unternehmen.

Wirklich Ahnung von Wirtschaft meint er auch nach den einführenden samstäglichen Treffen nicht zu haben. Eine gewisse Vorstellung ja, und irgendwie ist er sogar begeistert – schon allein auf Grund seiner eigenen unangenehmen Erfahrungen mit Versicherungen. In diesem Zusammenhang erinnert er sich stets an den Versicherungsvertreter, der ihm einst einen Zehn-Jahres-Vertrag untergeschoben hat, obwohl er lediglich eine Unfallversicherung als Motorradfahrer für ein halbes Jahr wollte. Bis zum Ablauf der vertraglich vereinbarten Laufzeit muss Brot für etwas zahlen, das er so gar nicht gebraucht hat.

Gerade weil Brot inzwischen immer stärker bei seiner »eigenen« Bank unter Druck steht, die mangels finanzieller Zuflüsse dem Existenzgründer kaum noch ein Lächeln, geschweige ein Pardon schenkt, sieht sich Brot hier, in einer soliden und kenntnisreichen Beratung, solidarisch mit seinen potentiellen Kunden. Sicher will er Geld verdienen, aber auch wirklich Gutes tun.

Jetzt endlich – nach drei Monaten, in denen Brot viel investiert hat: Fahrtzeiten, Fahrgelder, Unterrichtszeiten, Engagement, aber vor allem Hoffnungen – lässt Beyer die Katze aus dem Sack.

Beyer: »Glauben Sie, dass es Kunden gibt, denen Ihre Beratung Vorteile bringt?«

Brot: »Aber ja.«

Beyer: »Können Sie sich im Prinzip vorstellen, jeden Tag auch nur einen Kunden zu beraten?«

Brot: »Aber ja.«

Beyer: »Lassen Sie uns sicherheitshalber einmal annehmen, dass Sie in der Anfangsphase lediglich drei Kunden pro Woche beraten, einverstanden?«

Inzwischen fragt sich Brot, was die Fragerei soll, ob er jeden Tag einen Kunden beraten kann – das ist doch kinderleicht. Selbst wenn er einmal auf Grund des eigenen Geschäftes unabkömmlich wäre, könnte er ja an einem anderen Tag zwei oder drei Kunden beraten.

Beyer: »Aus Erfahrung wissen wir, dass unsere Beratung jedem Kunden im Durchschnitt rund 4000 Euro geldwerten Vorteil bringt.« (In der Werbung ist man inzwischen schon bei 5000 Euro angelangt.) »Bei den meisten ist das allerdings sehr viel mehr. Lassen wir auch das einmal außer Acht. Wir wissen weiterhin, dass jede Beratung im Durchschnitt 100 Einheiten* bringt. Das heißt, bei drei Kunden sind das 500 Einheiten pro Woche oder 1200 Einheiten im Monat. Jetzt –

---

* Für jedes vermittelte Produkt, etwa einen Bausparvertrag oder eine Lebensversicherung, werden dem Berater entsprechend der Versicherungssumme Einheiten gutgeschrieben, an denen sich seine Provision bemisst.

während Ihrer Ausbildung – sind Sie auf der Drei-Euro-Stufe. Für Sie bedeutet das, dass jede Einheit mit 3 multipliziert wird. Allerdings werden Sie ja in wenigen Wochen bereits auf der Vier- und Fünf- oder Sechs-Euro-Stufe sein. Rechnen Sie sich also aus, was Sie verdienen, wenn Sie nur drei Kunden pro Woche beraten. Wenn Sie sofort mit den Beratungen beginnen, haben Sie im kommenden Monat bereits 3000 Euro auf der Hand, von den Folgeprovisionen gar nicht zu reden.«

Die Argumentations- und Rechenkette ist nur schwer zu widerlegen.

Unbeirrbar fährt Beyer in seinem Text fort: »Wie viel Zeit, glauben Sie, werden Sie am Anfang für Ihre neue Tätigkeit aufbringen? Sind das 12, 16 oder sogar 20 Stunden pro Woche? Für jeden Kunden setzen wir rund zwei Stunden an.«

Beyer weiß, dass Brot seiner Logik misstraut und immer höchstens die Hälfte von dem glaubt, was er ihm vorrechnet.

Brot hingegen verdoppelt, verdreifacht gar in Gedanken die Stundenzahl, die ein Kunde an Arbeitsaufwand beanspruchen könnte. Akquisition, Präsentation, Konzepterarbeitung, Abschluss. Er rechnet mit sechs Stunden, weiß aber auch, dass er viel arbeiten kann, hat er doch oft genug bewiesen, dass selbst eine 60-Stunden-Woche kein Problem für ihn ist.

Wieder sieht er drei Kunden pro Woche vor sich, 300 Einheiten, 1200 im Monat, 3600 Euro am Monatsende. Nach insgesamt 1250 Einheiten erreicht er schon die Vier-Euro-Stufe – wären im übernächsten Monat bei 18 Stunden Arbeit 4800 Euro. Wenn davon wieder nur die Hälfte wahr ist, bleiben am Ende knapp 2500 Euro übrig. Die hat er verdammt nötig, also ...

Brot: »Wo sind denn nun die Kunden?«

Beyer: »Ja, die müssen Sie sich schon selbst suchen.«

Brot glaubt nicht richtig zu hören. Er ist geschockt, spürt, wie ihm der Boden unter den Füßen entgleitet. Für ihn bricht eine Welt zusammen. Hatte er die Vorzeichen nicht erkannt, weil er sie nicht erkennen wollte? Ist er die ganze Zeit über taub gewesen, hat er sich etwas vorgemacht? Mühsam erwidert er: »Ich glaube, dass ich Sie eben nicht richtig verstanden habe. Sie haben doch immer gesagt, dass Sie Hunderte von Kunden hätten, die Sie nicht betreuen können. Abt & Partner-weit wären das Tausende, die Schlange stünden, um die Vorteile der Wirtschaftsberatung wahrzunehmen. Wo sind die denn?«

Darauf Beyer: »Das ist ja auch richtig. Aber verstehen Sie doch, dass wir es uns nicht leisten können, ganz junge, unerfahrene Berater auf unsere Kunden loszulassen. Überlegen Sie doch einmal, wie das wäre, wenn Sie Ihre Reisekunden, von denen Sie selbst sagen, dass Sie sie auf Händen tragen, plötzlich einem unerfahrenen Stadtführer anvertrauen würden. Fänden Sie das gut?«

Brot fühlt sich auf eine Weise verraten, hintergangen, betrogen, dass er vor Wut platzen könnte. Am liebsten würde er Beyer all die Ungereimtheiten der vergangenen Wochen um die Ohren schlagen, grußlos gehen – was auch immer. Aber er begreift auch, dass damit alle Mühe der letzten Wochen völlig vergebens gewesen wäre, und vor allem weiß er eines: Seine Bank gibt ihm keinen Cent mehr.

Inzwischen hat er sich für Fahrtkosten und Lebensunterhalt Geld von seiner Freundin Miriam leihen müssen und fühlt sich dabei elend. Zudem droht Weihnachten, das Fest der Liebe. Für seine Kinder und für Miriam und ihren Sohn Jonas hat er noch keine Geschenke. Geistig und psychisch leer, ratlos und zutiefst beschämt, hört er jetzt Beyer:

»Aber lieber Herr Brot, jetzt machen Sie sich mal keine Gedanken. Das ist alles halb so schlimm. Ihre Kunden haben Sie doch bereits. Überlegen Sie einmal, wie viele Menschen Sie kennen. Können Sie sich vorstellen, dass es den einen oder anderen darunter gibt, dem Ihre Beratung Vorteile bringt?«

Brot in Verteidigungshaltung: »Ja sicher, aber die wissen doch, dass ich Studienabbrecher, Lehrer, Trainer, Journalist, Reiseveranstalter, alles Mögliche, nur kein Finanzberater bin.«

Beyer: »Aber, mein lieber Herr Brot, so beruhigen Sie sich doch. Im Ernst, können Sie sich wirklich nicht vorstellen, dass es Menschen gibt, die daran interessiert sind, weniger auszugeben und mehr zu erzielen?!«

Brot: »Doch.«

Beyer: »Na also! Jetzt mal im Ernst, wem würden Ihre Freunde denn eher glauben, Ihnen oder einem Wildfremden? Mal angenommen, Sie möchten einen Gebrauchtwagen kaufen. Wem würden Sie dann eher vertrauen, einem Freund, der Ihnen versichert, dass das Fahrzeug in Ordnung ist, oder einem, den Sie überhaupt noch nicht kennen?«

Brot ist mulmig zu Mute. Im Stillen fragt er sich, ob es tatsächlich niemanden in seinem Bekanntenkreis gibt, der ihm abnimmt, dass er etwas Gutes für ihn tun könnte. Beyer, jetzt in Fahrt gekommen, setzt die ganze für diesen Fall vorgesehene Klaviatur in Gang:

»Sehen Sie es mal so. Wir als eines der größten unabhängigen Institute für Finanzdienstleistungen helfen unseren Kunden dabei, am Monatsende mehr Geld übrig zu haben. Unabhängigkeit heißt, keine eigenen Produkte zu haben und aus dem gesamten Markt frei auswählen zu können.

Und: Sie werden universitär ausgebildet. Denken Sie daran, Sie sind nicht mehr irgendwer. Sie arbeiten für und repräsentieren Europas bestes Finanzdienstleistungsunternehmen. Allein am Beispiel der Versicherungsprämien hat die Zeitschrift *DMEuro* in einem Langzeitvergleich herausgefunden, dass man, über einen Zeitraum von 30 Jahren betrachtet, 50 000 Euro mehr oder weniger ausgeben kann.«

Brot kennt das alles schon aus seinen Schulungen. Jetzt aber verwandelt es sich plötzlich in brutale Wirklichkeit, als Beyer ungerührt fortfährt:

»Lassen Sie uns doch einmal überprüfen, für wen es in Ihrem Bekanntenkreis interessant ist, Geld einzusparen. Welcher von Ihren Freunden könnte denn zu teure Versicherungen haben?«

DIE KRÖTE

Brot denkt zuerst einmal an die armen Schlucker. Unter denen kennt er einige, die Geld gebrauchen könnten. Doch er hasst es, ihre Namen zu nennen. Beyer lässt nicht locker: »Wenn Sie etwas erreichen wollen, und Sie wollen doch aus Ihrer Misere raus, müssen Sie die Hürde jetzt nehmen. Sie müssen für sich eine Entscheidung treffen: Will ich aus meiner Misere raus, ja oder nein? Diese Frage müssen Sie jetzt beantworten. Außerdem – wenn Sie selbst nicht glauben, dass Sie etwas Gutes tun, wird Ihnen das auch kein anderer abnehmen.«

Brot schluckt die Kröte.

Beyer: »Hier haben Sie ein Blatt Papier, auf das Sie jetzt, sagen wir einmal 30 Namen notieren, 30 Leute, von denen

Sie glauben, dass für die das Thema, Einsparungen zu erzielen, grundsätzlich interessant ist.«

Während Beyer mit vor dem Bauch gefalteten Händen und breitem, Zuversicht ausstrahlenden Lächeln auf der einen Seite des großen aufgeräumten Schreibtisches sitzt, beginnt Brot, der sich längst geschlagen gegeben hat, mit nach vorne geneigtem Kopf zu schreiben. Beim ersten Stocken schaltet Beyer sich ein:

»So, und nun sage ich Ihnen noch etwas, Sie gehen jetzt nach Hause und komplettieren diese Liste mit weiteren, sagen wir, weiteren hundert Namen. Die brauchen Sie unbedingt, und dann versichere ich Ihnen, ich verspreche es Ihnen, werden alle Ihre Probleme im nächsten Sommer gelöst sein.

Für den Fall, dass Ihnen keine weitere Namen einfallen, schreiben Sie sich als kleine Hilfestellung die folgenden Fragen auf: Wer bezieht Rente, wer hat möglicherweise ein Rentenproblem, wer hat genügend Rente, wer baut gerade, wer hat gebaut, wer braucht mehr Geld, wer hat Kinder, wer ist angestellt, selbständig, wer klagt, dass er nicht genug Geld hat, wer könnte ein Problem mit der Finanzierung seines Autos haben, wer geht zur Bank, etc. etc.?

Dann komplettieren Sie die Namen mit möglichst vielen Informationen, die Sie jetzt schon von den Leuten haben. Wichtig sind Beruf, Einkommen, Alter, Familienstand, Adresse und Telefonnummern. Dann, ich wiederhole es noch einmal, ist alles ein Kinderspiel. Sie brauchen dann nur noch einen Termin zu vereinbaren.

Die Daten erheben wir dann gemeinsam, oder – wenn Sie es sich schon zutrauen – machen Sie das alleine. In einem persönlichen Gespräch zeige ich Ihnen, wo Ihr Kunde Geld einsparen kann und wie er zukünftig seine Einnahmen erhöht. Sind Sie damit einverstanden?«

Brot nickt nur noch. Hier und heute entkommt er der Falle nicht mehr. Er fühlt sich ohnmächtig, als ihm Beyer locker, persönlich, aber bestimmt die nächsten Schritte weist:

»Für den Anfang nehmen Sie Ihre besten Bekannten, Freunde, Verwandten und ehemaligen Kollegen. Denn die kennen Sie ja und wissen, dass Sie sie nicht betrügen werden, dass Sie eine ehrliche Haut sind. Stellen Sie sich jetzt fünf Menschen vor, mit denen Sie sich auf jeden Fall treffen und denen Sie etwas Gutes tun werden.

So, und jetzt sage ich Ihnen auch noch, wie es weitergeht, damit es Ihnen endlich besser geht. Herr Brot, Sie müssen endlich einmal anfangen, positiv zu denken. Hätten denn die Leute, denen Sie etwas Gutes tun, irgendeinen Grund, Sie nicht weiterzuempfehlen?«

Brot kleinlaut: »Wahrscheinlich nicht.«

Brot erlebt sich wie in der Schlussphase eines längst verlorenen Boxkampfes: stehend knocked out. Er muss die Haken nehmen, wie sie kommen, ob sie ihn nun links, rechts oder mitten ins Gesicht treffen. Er ist nicht mehr in der Lage, sich zu wehren, als Beyer ihn – noch einmal mit der Quotenrechnung – endgültig zu Boden gehen lässt: »Na sehen Sie. Ich verspreche Ihnen, Ihre Kunden freuen sich, wenn sie Sie weiter empfehlen dürfen. Das erlebe ich jeden Tag. Wenn also jeder von denen Ihnen nur fünf Empfehlungen gibt, und im Durchschnitt erhalten wir zehn Empfehlungen pro Beratung, haben Sie schon 25 neue Kunden. Die 25 multiplizieren Sie jetzt einfach wieder mit fünf Empfehlungen. Das heißt, wenn Sie fleißig sind, brauchen Sie Ihre Liste nicht einmal und rekrutieren aus Ihren ersten fünf Analysen einen Kundenstamm, der völlig außerhalb Ihres Bekanntenkreises liegt. Verstehen Sie nun, wie leicht das geht und wie viel Sie praktisch jetzt schon zu tun haben? Also, dann fangen Sie am besten gleich an.«

»DU WILLST MIR JA DOCH NUR WAS VERKAUFEN«

Nach seiner Aufklärung durch Beyer hat Brot auf der Heimfahrt eine Stunde Zeit, um wieder zu sich zu kommen. Er lässt alles Revue passieren – seine Unternehmung, sein bisheriges Engagement für ABT & PARTNER, seine Schulden, Beyer, die neuen Kollegen. Er begreift, dass er bei ABT & PARTNER tatsächlich nur genau diese und keine andere Chance hat. Entweder sucht er sich seine Kunden oder er kann das Ganze auf der Stelle vergessen. Seine finanzielle Lage ist derart bedrückend, dass ihm nichts anderes mehr übrig bleibt als Beyers Perspektive einzunehmen, dass seine Probleme auf diese Weise gelöst werden können.

Noch auf der Heimfahrt entschließt er sich zum Angriff. Zu Hause angekommen, macht er sich eine Tasse Kaffee, legt den Kalender bereit, atmet einmal tief durch und ruft den ersten auf seiner Liste an.

Nicht seine Freunde und auch nicht seine engsten Bekannten hat er sich zuerst vorgenommen. Er versucht es mit Leuten, die er vom Sport her eher unverbindlich kennt: »Grüß dich, Jürgen am Apparat, wie geht's dir?« Da er dort noch nie angerufen hat, spürt er, wie befremdet der Sportsfreund am anderen Ende der Leitung ist, aber durchaus antwortet: »So und so, aber ich habe gerade wenig Zeit, kann ich was für dich tun?« Brot, noch völlig unerfahren in der Telefonakquisition, fällt mit der Tür ins Haus: »Ja, in der Tat, denn seit neuestem bin ich – naja – Berater für ABT &

PARTNER und kann dir zeigen, wie du Geld einsparen kannst. Interessiert dich das?«

»Nein! «

Knallhart, unvermittelt und unerwartet.

Doch hat sich Brot vorgenommen, das gesetzte Ziel, 20 Telefonate zu führen, auch zu erreichen. Er hat gelernt, dass es nur auf die Quote ankommt. Wenn es einmal nicht klappt, will das nichts heißen. Er spornt sich an, komme was da will, tapfer mit dem Telefonieren fortzufahren und seine erste Liste abzuarbeiten.

Im Ergebnis gleich, hört Brot Reaktionen wie: »Nein, lass mal lieber, interessiert mich nicht.« Ein anderes Mal: »Ich habe schon einen Steuerberater, mein Haus ist bezahlt, ich bin gut versorgt, als Beamter habe ich das nicht nötig, keine Zeit, kein Geld und: *Du willst mir ja doch nur was verkaufen.*«

Nach den ersten zwei Wochen, in denen Brot sich intensiv um Termine bemüht, hat er es auf ganze zehn Zusagen gebracht. Fünfmal davon kommt es tatsächlich zu einem Treffen, in dem Brot sich jedes Mal große Mühe gibt, dem Bekannten ziemlich umständlich und zeitintensiv aufzuzeigen, wo er Vorteile für sich erzielen kann. Angesichts der mageren Ergebnisse im Verhältnis zur aufgewendeten Mühe fühlt Brot sich richtig schlecht, gerädert und natürlich persönlich abgelehnt.

Er sieht das so: »Ich will denen 4000 Euro schenken, und die setzen sich nicht mal mit mir zusammen.«

DAS GELD LIEGT AUF DER STRASSE

Die örtliche Organisation von ABT & PARTNER besteht aus rund 40 Mitarbeitern, streng hierarchisch gegliedert: der

Direktor weiterer regionaler Büros mit einem vorgeblichen Monatseinkommen von 50 000 Euro, der Büroleiter, Monatseinkommen ca. 20 000 Euro, die beiden Abteilungsleiter, Monatseinkommen ca. 12 000 Euro, vier bis fünf Gruppenleiter, Monatseinkommen ca. 6000 Euro, einige wenige ABT & PARTNER-geprüfte Finanzberater und eine Masse Anfänger. Welchen Rang jemand hat oder wie weit er in der Ausbildung fortgeschritten ist, kann Brot für längere Zeit nicht eindeutig feststellen.

Obwohl die Mitarbeiter bei ihren wöchentlichen Zusammenkünften »unter sich« sind, wirken die Veranstaltungen auf Brot gespenstisch, allein schon wegen der äußeren Erscheinung. »Denn«, so die Firmenregel, »ein Finanzberater kleidet sich auch wie ein Finanzberater! Und ein Finanzberater von ABT & PARTNER ist immer Finanzberater. An jedem Tag, zu jeder Zeit, an jedem Ort.«

Hat ein durchschnittlicher Bank- und Bürokaufmann während seiner Arbeitszeit Krawatte und Sakko zu tragen, so trägt ein Finanzberater von ABT & PARTNER immer einen dunklen Anzug und Krawatte. Wenn ABT & PARTNER-Chefs von »immer« sprechen, meinen die das auch so. Brot hört Abstrusitäten von Direktoren wie: »Stellen Sie sich doch einmal vor, dass Sie zum Brötchenholen im Jogginganzug gehen. Da denkt doch jeder, dass Sie arbeitslos sind. Also kleiden Sie sich, wann immer Sie öffentlich auftreten, wie ein Finanzberater. Wenn Sie klug sind, tragen Sie auch zu Hause die Kleidung eines Finanzberaters, zumindest beim Telefonieren. Der Angerufene spürt, wie Sie aussehen. Denken Sie immer daran, dass Sie ja angesprochen werden können. Fragen Sie sich, ob Sie es sich erlauben können, einen Kunden zu verpassen oder negativ aufzufallen.«

»Zum dunklen Anzug«, so der Vertriebsleiter Deutschland bei einem Besuch im Frankfurter Büro, »gehört ein Oberhemd.« Und ergänzt: »Merken Sie sich, die dunkelste Farbe des Hemdes eines ABT & PARTNER-Beraters für Finanzfragen ist weiß.«

ABT & PARTNER-Mitarbeiter in der Gruppe wirken auf den ersten Blick immer wie eine Trauergemeinde. Um zu dokumentieren, dass sie stets geschäftlich unterwegs sind, tragen sie in aller Regel schwarze Präsentationsmappen oder führen schwarze Aktenkoffer mit sich. Doch ein Blick in die Gesichter verrät: Hier gibt es nur positiv denkende Menschen, hier sind Menschen, deren Leben einen Sinn hat, hier sind Menschen, die schwere Verantwortung mit Leichtigkeit tragen und die das auch gerne kommunizieren: Alle strahlen Begeisterung aus, sind, wie erwartet, »gut drauf«, haben unter der Woche gigantische Verkaufserfolge erzielt und positionieren sich – jetzt von unten nach oben – als zukünftige Gruppenleiter, Büroleiter und Direktoren.

Denn: das Geld liegt auf der Straße. Auch wenn der blasierte, eloquente Direktor Tolp und der halbseidene Büroleiter Bösser, der an dessen Stuhl sägt, sich nicht ausstehen können, in ihren regelmäßigen Appellen verkünden sie unisono: »Sie, meine Damen und Herren, sind nur zu faul, sich danach zu bücken! Was wollen Sie eigentlich erreichen? Wenn Sie keine Ziele haben, werden Sie nichts erreichen. Setzen Sie sich Ziele, und Sie werden Ihre Ziele erreichen. Setzen Sie Ihre Ziele hoch, setzen Sie Ihre Ziele so hoch, wie Sie nur können.

Seien Sie kampfbereit. Die Welt ist voller Widersacher und Neider. Bleiben Sie sich dessen bewusst, dass Sie auf dem Weg hundert Mal und mehr fallen werden. Rüsten Sie sich. Lesen Sie die Geschichte des größten amerikanischen Präsidenten. Abraham Lincoln erlitt in rund 30 Jahren zweimal als Geschäftsmann Schiffbruch, hatte einen schweren Nervenzusammenbruch und verlor acht Wahlen. Aber er hörte nicht auf zu kämpfen, bis er zum Präsidenten der Vereinigten Staaten von Amerika gewählt wurde.«

Brot hört sich auch die beeindruckende Geschichte von Edison an, der allem Spott, aller Not und Aussichtslosigkeit zum Trotz 10000 Experimente durchführte, bis seine Glühlampe endlich brannte.

»Blamiere dich täglich«, lautet eine der ernstgemeinten Botschaften von ABT & PARTNER. »Seien Sie besessen davon, Großes zu erreichen, blamieren Sie sich täglich, geben Sie nie auf, gehen Sie eine totale Verpflichtung ein, ertragen Sie Hohn, Spott und Niederlagen als notwendige Wegzeichen zum Erfolg.« Diese Ermahnung gefällt keinem, doch die Realität dahinter ist beinahe allen vertraut. Nur dass es den meisten nicht gelingt, Blamage, Hohn, Spott und Niederlagen auf Dauer als »Wegzeichen zum Erfolg« umzudeuten, sondern den Leidensdruck verstärken, der sich hinter der zur Schau getragenen schönen Fassade anstaut.

Spätestens seitdem er an den wöchentlichen Zusammenkünften teilnimmt, kann Brot nicht mehr übersehen, dass er dabei ist, Teil eines manipulativen Systems zu werden, dem er genau wie alle anderen auf den Leim gegangen ist. Nicht zum ersten Mal belogen, wird ihm zunehmend klarer, dass Manipulation eines der wichtigsten Handwerkszeuge von ABT & PARTNER ist, wahrscheinlich auch sein wichtigstes Handwerkszeug werden wird.

Allerdings hat ABT & PARTNER auch andere Seiten, und das redet sich Brot nicht nur ein. Manche der angebotenen Produkte taugen tatsächlich, um für seine Kunden und sich selbst etwas zu bewirken und für beide Erträge zu schaffen. Und wenn ihn Beyer auch an der Nase herum geführt hat, muss Brot doch andererseits zur Kenntnis nehmen, dass er von dem gewieften Strategen noch viel lernen kann.

Dass Brot nicht die Flucht ergreift, hat auch mit der schwer erklärbaren Faszination durch den Umstand zu tun, dass diejenigen, die nun den 500er Mercedes fahren, eben noch AOK-Angestellte, Handwerker, Studienabbrecher, pensionsberechtigte Beamte, Geschäftsführer oder Pfarrer waren. Menschen, die wohl trotz aller Bemühungen nicht mehr mit den Systemen, in denen sie steckten, zurecht kamen. Nicht nur haben es einige von ihnen anscheinend wirklich geschafft, reich zu werden. Brot entdeckt auch, dass er zumindest mit einigen von ihnen etwas gemeinsam hat.

Er entdeckt in ihnen Menschen, denen in den Hierarchien der Betriebe, im täglichen Trott zwischen 8 und 18 Uhr oder auch als Selbständige die Anerkennung versagt geblieben ist; die in ihren Berufen oder in ihren Familien nicht die Befriedigung oder Erfüllung gefunden haben, die sie benötigen. Menschen, die einen Tick anders sind, ein wenig aus der Rolle fallen oder privat oder geschäftlich einfach Pech hatten. Aber auch ganz gewöhnliche Menschen, die sich nur etwas dazu verdienen wollen – Menschen allerdings, die sich etwas zutrauen.

KOLLEGEN

Wäre da nur der großmäulige Büroleiter Bösser, der sich einbildet, der Größte zu sein, Brot würde sicher nicht bleiben. Bösser macht keinen Hehl daraus, dass für ihn nur zählt, wer Erfolg hat: »Wissen Sie, mir ist es völlig schnuppe, ob Sie mich mögen oder nicht. Wenn Sie menschlichen Zuspruch brauchen, sind Sie bei mir an der falschen Adresse. Ich bin für Ihren Erfolg da. Für sonst nichts. Und das ist auch das Einzige, das zählt: der Erfolg. Wenn Sie erst einmal so viel Kohle machen wie ich, dann können wir uns auch wieder über was anderes unterhalten. Sie sind hierher gekommen, um zu arbeiten, wegen nichts anderem. Kaffee trinken können Sie woanders besser.«

Aber es gibt auch andere, und es sind nicht gerade die Dümmsten, keine Versager, weder auf den ersten noch auf den zweiten Blick. Brot zählt mehr als eine Handvoll sensibler Leute, alle um die 40 Jahre alt, einige gar promoviert, die trotz der unangenehmen Enge im ABT & PARTNER-Büro Haltung bewahren, freundlich grüßen und lächeln: etwa Dr. Freitag, ein Chemiker, der seine Kunden nobel und feinfühlig behandelt. Dann der ehemalige Geschäftsführer Hinrich aus Unterfranken, der, versiert im Umgang mit Kunden, von Beginn an hohe Umsätze erzielt. Oder die Bankkauffrau, die ihr Engagement vor versammelter Mannschaft damit begründen wird, dass sie den Betrug an ihren Kunden im Auftrag ihrer Bank nicht mehr mit ansehen und mit tragen, sondern unabhängig und fair beraten wollte und deshalb zu ABT & PARTNER gewechselt ist. Schließlich die Versicherungskauffrau, die sich mit zwei Kindern selbständig gemacht und es schon zu einem eigenen ABT & PARTNER-Büro gebracht hat. Sie ist genauso sympathisch wie sein Kollege aus dem Vogelsberg, Werner Stark, der noch vor zwei Jahren die Redaktionskonferenzen einer überregionalen Zeitung leitete. Mit den Ressortleitern aus Politik, Wirtschaft, Sport und Lokalteil moderierte er die Themen des Tages und entschied, was auf die Titelseite kam. Doch Chef vom Dienst ist er schon lange nicht mehr. Seit es einige personelle Veränderungen an der Verlagsspitze gegeben hat, bläst ein anderer und schärferer Wind durch die Redaktionen.

Stark wird immer häufiger geschnitten, erfährt von Absprachen immer wieder zu spät. Schließlich wird er in die Lokalredaktion versetzt. Abstieg auf Raten, bei gleichem Gehalt. Neuerdings tauchen Fehler in seiner Spesenabrechnung auf. Dann wird ihm unterstellt, Dienstzeiten eingetragen zu haben, ohne anwesend gewesen zu sein. Gegen die erste Abmahnung setzt er sich noch mit Hilfe eines Rechtsanwalts zur Wehr. Aber die Eigendynamik des Mobbings hält er nicht mehr auf. Jedesmal finden sich aufs Neue vermeintliche Fehler in den Abrechnungen, bis man ihm eines Tages nahe legt zu gehen. Stark, 30 Jahre lang immer auf Ballhöhe, oft am Ball und jetzt im Abseits – 55 Jahre alt und fast am Ende.

Sigmund Schrot hingegen, kaum über Fünfzig, betont sein Alter durch einen weißen Bart. Nach Theologiestudium und Vikariat findet der Pfarrer geistige, seelische und berufliche Heimat bei den Pietisten. In christlicher Nachfolge, aber auch um der Enge der pietistischen Gemeinde zu entkommen, engagiert sich Schrot als Diakon in der Entwicklungshilfe. Frau und Kind bleiben derweil zu Hause. Schrot liebt seinen Beruf, geht darin auf, fühlt sich den Menschen, mit denen er arbeitet, verbunden. Dabei verliebt er sich neu.

Bei ihm ist das keine Affäre. Während seine Ehefrau in Deutschland für den Haushalt sorgt, lebt Diakon Schrot ein neues Leben in Südosteuropa inmitten von Terror und Not. Er will keine falschen Kompromisse eingehen, nichts vorspielen, nicht betrügen und kommt zu dem Schluss, dass der alte Bund mit der Noch-Ehefrau gebrochen ist. Also beantragt er die Scheidung.

Neben seiner Ehefrau versucht ihn auch die gesamte Heimatgemeinde umzustimmen. Aber er hat sich entschieden. Man entzieht ihm sein Pfarramt. Womit soll ein 50-jähriger, arbeitsloser Theologe, Kirchendiener und Sozialarbeiter Geld verdienen, um für den Unterhalt von gleich zwei Familien aufzukommen?

Über einen Bekannten hört er von ABT & PARTNER. Nachdem er sich einmal entschieden hat, sich die Dinge näher anzusehen, nimmt er dort jede Hürde mit Leichtigkeit. Sein Vorgesetzter ist nicht wenig stolz darauf, einen Pfarrer im Team zu haben. Schrot scheint über vielfältige Kontakte zu verfügen, kennt unendlich viele Leute. Und vielleicht sind die ihm auch noch etwas schuldig.

Judith Messer, eine 22-jährige Friseurin aus Hamburg, hat alle Brücken hinter sich abgebrochen. Sie kommt zu ABT & PARTNER, um sich selbst und allen anderen zu beweisen, dass sie nicht die ist, für die sie zu Hause gehalten wurde, »unser Dummchen«. Innerhalb der Familie hinter der intelligenteren, erfolgreichen Schwester immer nur in der zweiten Reihe, im Beruf ohne Perspektive und nach einer gescheiterten Beziehung völlig isoliert, wagt sie in Frankfurt ihr Glück.

Anders als Schrot kennt sie allerdings niemanden. Sie hat lediglich ein kleines, aber nicht unbedeutendes Unterpfand: die Liebe ihres neuen, zehn Jahre älteren Freundes, der, in Beziehungen zu Frauen eher glücklos, beruflich fest im Sattel sitzt. Fleißig und sparsam hat er es zu ein wenig Vermögen gebracht und unterstützt nun seine neue Freundin. Nach einem gemeinsamen Treffen, bei dem Brot die beiden näher kennen lernt, wird er allerdings das Gefühl nicht los, dass sie sich eher aneinander klammern als lieben.

Neben der wirtschaftlichen Not von Einsteigern nutzt ABT & PARTNER auch deren außergewöhnliche Voraussetzungen und Qualitäten aus: die Kraft von Menschen, die Notlagen überstanden haben und in vielen Fällen etwas mutiger und risikofreudiger als andere sind. In Schulungen erfragte private und intime Details – etwa berufliches oder persönliches Scheitern, finanzielle Abhängigkeiten, der Umgang mit Alkohol oder Drogen – werden von Bösser und Tolp instrumentalisiert und den Mitarbeitern wieder und wieder vorgebetet – ab und zu in negativer Form: »Sie wollen doch damit nicht wieder anfangen...«, in der Regel aber umgedeutet zu einem Fanal, das den Aufbruch zu neuen Ufern und die Auserwähltheit derjenigen, die mit dabei sind, signalisiert: »Sie taugen zu Besserem, Schönerem – gar Wahrhaftigerem. Sie sind doch nicht zum Freigänger in einem großen öffentlichen Gefängnis geboren worden, in dem Sie nur zu Hause schlafen dürfen, aber ansonsten Tag und Nacht wie eine ferngesteuerte Marionette angebunden und angestellt sind. Hier haben Sie die Chance, sich selbst zu verwirklichen. Mit unserer Hilfe überwinden Sie Ihre Defizite und Schwächen aus früheren Tagen. Sie alleine haben es in der Hand, glücklich zu werden. Hier sind Sie nicht abhängig von Vorgesetzten, Firmenpleiten, Seilschaften und Karriereapparaten.«

Schliessen Sie die Augen

»Wenn Sie nur wollen«, so hören Brot und die anderen immer wieder, »können Sie ihr Leben von heute auf morgen ändern. Wenn Sie es wirklich wollen, bringen Sie es zu mehr Einkommen, zum 500er Mercedes, dem Traumhaus in Kalifornien, zur schönsten Frau der Welt, zum begehrtesten Mann des Universums. Glauben Sie an Ihren Erfolg und seien Sie fleißig. Wenn Sie zum Telefonhörer greifen, haben Sie eine fünfzigprozentige Chance, einen Termin zu bekommen und dann einen Abschluss zu machen. Wenn Sie sich aber gar nicht erst ans Telefon setzen, beträgt Ihre Chance, keinen Schritt weiter zu kommen, 100 Prozent.«

»Wir«, so Bösser, »sind fantastisch, es ist keiner auf dem Markt, der uns das Wasser reichen kann. Aber Sie müssen daran glauben. Es ist alles eine Frage Ihres Glaubens und Ihres Fleißes, Ihrer Terminfrequenz, Ihrer Quote. Schließen Sie einen neuen Bund mit uns und mit sich, eine E-H-E. Ihre Einstellung bestimmt Ihr Handeln und das bestimmt Ihre Ergebnisse.«

Wehrlos dem Psychotrommelfeuer ausgeliefert, vernimmt Brot die Aufforderung zur Autosuggestion. »Denn«, erläutert Direktor Tolp mit arglosem Milchgesicht, »am Anfang steht Ihr Traum. Sie müssen wieder lernen zu träumen: Schließen Sie Ihre Augen und stellen Sie sich vor, was und wer Sie sein möchten. Stellen Sie sich vor, wie Sie, wo Sie, mit wem Sie leben wollen. Stellen Sie sich vor, welches Auto Sie fahren wollen, in welchem Haus Sie leben wollen.«

Dabei steht Brot neben den Direktoren, Multimillionären, Büroleitern, angehenden Millionären, Abteilungsleitern, den Leuten mit dem sechsstelligen Jahreseinkommen. Alles Menschen vermeintlich wie er selbst, Typen, die ihren Traum nach nur wenigen Jahren realisiert haben. Der Weg scheint einfach – ganz einfach –, und auch er kann es schaffen: Er muss nur anrufen.

KONTAKTAUFNAHME UND PRÄSENTATION

Rund zwei Monate lang telefoniert Brot mit vielen seiner Bekannten und vereinbart Termine. Die meisten kennt er aus früheren Arbeitsverhältnissen und vom Sport. Auch wenn diese Beziehungen nicht besonders eng sind, trifft man sich mit ihm. Das Resultat der Gespräche aber ist im besten Fall wohlwollendes Interesse. Nichts weiter – keine Abschlüsse. Gelegentlich hört Brot Empfehlungen wie: »Das wäre was für Meier, der hat Geld.«

Das ist nicht so sehr ein Vermittlungsproblem; denn Brot weiß inzwischen schon, wie er die Möglichkeiten, die sich aus seiner Beratung ergeben, ins rechte Licht rückt. Eine viel größere Rolle spielt der Rollentausch, den Brot vorgenommen hat. Schon allein seine Kleidung und sein Auftreten irritieren. Selbst aber wenn die Bekannten und nun auch Kunden Brot in der neuen Rolle akzeptieren, bleibt die Situation meist befremdlich, und viele sagen, dass sie sich unsicher, unwohl dabei fühlen, zu Hause am Wohnzimmer- oder Küchentisch Versicherungen abzuschließen und sich für Geldanlagen zu entscheiden.

Da er aber nicht unbeliebt ist, bleiben die Kundenbeziehungen diffus. Oft fällt es seinen Gegenübern schwer, »Nein« zu sagen. Wahrscheinlich wollen sie ihm einfach nur nicht weh tun.

Aber das hilft ihm kaum weiter. Immerhin traut er sich zunehmend häufiger, dann doch den ihm noch unbekannten »Meier« anzurufen. Brot denkt stets, dass es um seine Zukunft geht, er investieren, in Vorleistung treten muss. Dass er dafür auch hinnehmen muss, gedemütigt zu werden. Man lässt ihn spüren, nicht wirklich willkommen zu sein, man misstraut ihm, begegnet ihm argwöhnisch. Brot fühlt sich unschuldig; er hat nicht vor, seine Kunden zu übervorteilen. Aber sehr oft wird er mit den schwarzen Schafen der Branche gleichgesetzt. Bei den Beratungen sitzt der Verdacht mit am Tisch.

Bei all dem bleibt Brot sachlich, höflich und geht seiner

Wege. In seiner Stammkneipe lässt er sich allerdings immer seltener blicken.

OHRENFALLEN

Immer häufiger gelingt es ihm, seine Furcht davor, auf Ablehnung zu stoßen, zu überwinden. Dabei lernt er, alle zu Gebote stehenden und gerade noch zu vertretenden Mittel einzusetzen, um Termine zu vereinbaren, Kunden anzusprechen und auf Vertragsabschlüsse hinzuarbeiten. Ausdauernd, verbindlich, verführerisch.

Widersetzt sich der Angerufene hartnäckig einer Terminvereinbarung, bleibt auch Brot hartnäckig und ruft ein zweites, drittes und viertes Mal an, nicht ohne – bei erneuter Ablehnung – den nächsten Anruf schon wieder anzukündigen: »Was spricht dagegen, dass ich Sie noch einmal in einem Monat, in einem Vierteljahr anrufe?«

Verbindlich fragt er: »Sagen Sie doch mal ehrlich, sind Sie denn überhaupt schon jemandem begegnet, dem Sie wirklich vertrauen konnten?« Hört Brot jetzt ein Nein, antwortet er: »Stellen Sie sich doch einmal vor, es gäbe so jemanden – warum sich dann um die Chance bringen, ihn kennen zu lernen? Einen, der sich, unabhängig von Banken und Versicherungen, individuell um Ihre Angelegenheiten kümmert, überprüft, wie viel Geld Sie am Monatsende mehr übrig haben könnten, wenn Sie alles optimal für sich nutzen würden – wäre das nicht gut?«

Falls der Angerufene der Finanzbranche, den Versicherungen und Banken sehr reserviert gegenüber steht, hat Brot auch schon mit Erfolg den Vergleich mit dem verdorbenen Essen gebracht: »Herr Meier, seien Sie mir nicht böse, aber ich habe das Gefühl, dass Sie sich, aus mir noch unbekannten Gründen, besonders ablehnend verhalten. Kann es denn sein, dass Sie schon einmal schlechte Erfahrungen mit einer Versicherung oder einer Bank gemacht haben? Wenn Sie mögen, erzählen Sie mir doch davon.«

Ganz gleich ob der Angerufene sich jetzt öffnet oder auch nicht, Brot weiß zu entgegnen: »Sehen Sie, das kann ich gut verstehen. Ich vergleiche Ihre und ähnlich gelagerte Fälle gerne mit der Erfahrung eines verdorbenen Magens. Das ist Ihnen doch sicher schon einmal passiert, dass Sie in einem Restaurant weniger oder gar nicht zufrieden waren oder sich sogar den Magen verdorben haben? Stimmt's? Na sehen Sie… und haben Sie danach aufgehört, zu essen oder ein Restaurant zu besuchen?

Um im Bild zu bleiben, ich lade Sie praktisch zu einem Testessen ein. Das ist für Sie völlig unverbindlich und kostenfrei. Und ich versichere Ihnen, Sie werden entscheiden, ob Sie mit mir zusammenarbeiten wollen. Sagen Sie mal, ganz grundsätzlich, passt es Ihnen besser tagsüber oder am Abend?«

Auch die Verführung wird Teil von Brots Repertoire: »Nun«, schleicht sich Brot charmant ein, »wir kennen uns zwar noch nicht, aber ich stelle mir einfach nur einmal vor, Sie hätten einen Traum. Einen Lebenstraum, den Sie gerne verwirklichen würden. Gibt es da irgend etwas in Ihrem Leben?«

Wiederum ist es ganz gleich, ob und was der Angerufene antwortet, denn Brot wird fortfahren: »Stellen Sie sich doch einmal vor, ich könnte Ihnen helfen, diesen Traum zu verwirklichen oder ihm ein Stück näher zu kommen. Was spricht denn ernsthaft dagegen, dass Sie das überprüfen?«

Gelegentlich entwickelt er für Frauen, die in der Regel et-

was nachgiebiger sind als Männer, eigene Strategien. Anhand der Stimme versucht er die momentane Gemütsver-
fassung des weiblichen Gegenübers sekundenschnell zu
analysieren, auf der Suche nach dem bislang unerfüllten
Wunsch. Ob dieser nun mit dem vorhandenen oder gewünschten Partner, dem vorhandenen oder gewünschten
Kind, dem Freizeit- oder Sicherheitsbedürfnis zu tun hat –
Brot bohrt sich da hinein. Das Gespräch wird schnell persönlich, so dass die Angerufene immerhin für ein paar Minuten lang meint, hier sei endlich einmal jemand ehrlich,
hier kümmere sich jemand wirklich um ihre Ängste und
Probleme.

Letztlich investiert er alles, was er besitzt: persönliche In-
tegrität, Authentizität, Überzeugungskraft. Das ist mehr als
Geld und gute Worte.

ERSTE BERATUNGEN

Brot lernt auch zu schweigen, wenn er das Gefühl hat, dass
da noch mehr drin ist, oder wenn, wie ein geflügelter
Spruch der Branche lautet, Gier das Hirn seines Gegenübers
frisst. Manchmal werden seine Kunden angesichts der Be-
wältigung ihrer eigenen Vergangenheit auch sentimental,
erinnern sich an alte, verschüttete Träume und brechen in
Schluchzen aus.

Zunehmend in der Sache und der Argumentation geschult, gewinnt er in den Gesprächen Sicherheit und spürt,
wie er kritische Fragen besser pariert und ihm immer weniger Kunden fachlich gewachsen sind.

Auch dann, wenn er bemerkt, dass er den Widerstand seiner Kunden überwunden hat, bleibt er seinem Credo treu,

ihnen nur etwas anzubieten, das ihnen auch echte Vorteile bringt – selbst wenn es sich nur um eine kleine Anlage für vermögenswirksame Leistungen, eine Haftpflichtversicherung oder einen Sparplan handelt. Wie er es aber auch dreht und wendet, es bleibt ein Sich-Anbiedern, ein Hinterherlaufen. Wenn es nach zahllosen Telefonaten, zeitaufwändigen Datenerhebungen und Analysen, zwei, drei oder sogar vier Beratungsterminen schließlich doch nicht zu einem Abschluss kommt, dann fühlt sich Brot wie der Elendste unter den Elenden. Nein, da ist keiner, der sich wirklich freut, ihn zu sehen. Viele hingegen, das spürt er deutlich, sind froh, wenn sie ihn wieder los sind. Und er muss zudem noch den Hohn Bössers ertragen: »Gehen Sie doch nicht dahin, wo Sie abgewiesen werden, Herr Brot. Machen Sie es wie ich: Arbeiten Sie mit den Leuten, die Sie mögen.«

Er lernt, gewisse Impulse zu unterdrücken wie den, Reißaus zu nehmen, wenn ihm einmal mehr nur Argwohn und Misstrauen entgegengebracht werden. In den ABT & PARTNER-Seminaren hat er gelernt, dass Argwohn und Misstrauen Ausdruck einer negativen Lebenseinstellung sind.

Die lieben Lehrer

Brot hat viele Lehrer in seinem Bekanntenkreis und als Berater nun dementsprechend häufig mit ihnen zu tun. Die meisten von ihnen scheinen die Gewohnheit zu besitzen, für sich sehr viel, wenn nicht »alles, was mir zusteht«, zu fordern. Da die Pädagogen schon beruflich zu Kritik und Korrektur verpflichtet sind, muss sich Brot unter den gestrengen Augen dieser Klientel in besonderer Weise bemühen, seine Behauptungen zu beweisen. Gut geeignet dafür ist Datenmaterial des Statistischen Bundesamtes, Presseartikel aus vermeintlich höchst-seriösen Tageszeitungen und Testergebnisse der Stiftung Warentest. Deren Magazin steht bei der Lehrerschaft besonders hoch im Kurs und wird gerne im Abonnement bezogen.

Grundsätzlich kommt die von Lehrern geschätzte und geforderte akribische und ins kleinste Detail gehende Beratung Brot sehr entgegen. Nicht, dass er andere Kunden weniger gut beraten würde, nur scheinen Lehrer über mehr Zeit zu verfügen und können sich so eingehender mit den Instrumenten der Finanzdienstleistung und den Verträgen beschäftigen. Daraus resultieren weitere Fragen, und die Gesamtberatung nimmt gewöhnlich doppelt so viel Zeit in Anspruch wie bei seinen anderen Kunden, oft sogar noch mehr.

Trotz des vergleichsweise hohen Informationsniveaus der Lehrerschaft zeigt sich in den meisten Fällen, dass die vorhandenen Verträge allerhand Möglichkeiten zur Verbesserung bieten. Der Grund dafür liegt in der Regel in einem besonders ausgeprägten Sicherheitsbedürfnis dieser Klientel, gepaart mit allerlei Ängsten und Defiziten, was das eigenverantwortliche Treffen von Entscheidungen angeht.

Brot gelingt es in vielen Fällen, den Pädagogen sehr deutliche finanzielle Vorteile aufzuzeigen, die sie durch klügere Anlagestrategien, andere Instrumente oder auch schlicht durch den Wechsel zu anderen Anbietern realisieren könnten. Um auf der sicheren Seite zu bleiben und nur ja nichts falsch zu machen, tun die meisten Lehrer am Ende dann aber doch immer das, was alle tun. Ungeachtet besseren Wissens und oft besserer Alternativen entscheiden sie sich etwa bei der Finanzierung des Eigenheims schließlich doch für die Hausbank und versichern sich gegen Krankheit, Tod und andere Risiken des Daseins am liebsten bei einem Unternehmen, zu dem alle gehen und das mit einem weit verzweigten Netz so genannter Vertrauensleute, die sich während ihrer Dienstzeit ein schönes Zubrot verdienen, besonders tief in den Behörden verwurzelt ist.

Besonders ungern erinnert er sich an die sich über Wochen hinziehende Beratung eines Lehrerehepaares, das sich schließlich genau für die finanziellen Umstellungen und Angebote entschied, die es gemeinsam mit Brot erarbeitet hatte. Allerdings zeichnete es die Produkte – es handelte sich dabei um mittelfristige Geldanlagen, bewährte Mischfonds erfahrener Investmenthäuser – dann bei seiner Hausbank. Dreist bedankten die beiden sich für die besonders gute Beratung, die sie so noch nie bekommen hätten. Dabei wussten die verbeamteten Kunden sehr wohl, dass sich Brots Verdienst ausschließlich aus Provisionen für vermittelte Verträge zusammensetzt.

AKTIVTAGE

Neuerdings muss Brot, wie alle anderen auch, freitags zwischen 17 und 21 Uhr an so genannten Telefontagen teilnehmen. Da sitzen dann alle Mitarbeiter in den engen Büroräumen zusammengepfercht, um nach einer eindringlichen Ansprache des Direktors oder häufiger des Büroleiters stundenlang telefonisch Kunden zu akquirieren. (Und das, obwohl jeder Einzelne in einem Mitarbeitervertrag für Handelsvertreter unterschreiben musste: »Dass es rechtlich unzulässig ist, fremde Personen zum Zwecke der Akquisition in ihrer privaten Atmosphäre zu stören, z.B. durch Anrufe, ohne dass deren ausdrückliches Einverständnis hierzu vorliegt.«)

Von diesen Freitagen, die Aktivtage genannt werden, erhofft sich Brot neue Anregungen, neue Motivation. Er freut sich darauf, Hinweise zu erhalten, wie er effizienter und effektiver arbeiten könnte. Er muss doch, so seine Einschätzung, irgend etwas falsch machen.

Wieder hat Brot unter der Woche in oft stundenlangen Beratungen Geld und Vorteile angeboten. Wieder hat er fünf Tage lang Skepsis, Abwarten und Unentschiedenheit geerntet. Er bezieht alles auf sich und denkt, dass es doch den goldenen Weg geben muss, um zu einer Unterschrift zu gelangen. Die geforderten Termine hat er vereinbart, die Gespräche finden doch statt. Warum bloß erzielt er keine Abschlüsse? Allein, alles, was er freitags hört und sieht, ist eine Wiederholung dessen, was er bereits kennt. Nur der Rahmen ist anders, bombastischer. Immer dann, wenn Meetings auf welcher Ebene auch immer angesetzt sind, verwandeln sich ABT & PARTNER-Führungskräfte in radschlagende Pfauen. Gleichgültig ob an Aktivtagen, bei so genannten Finanzmessen, in regionalen Zusammenkünften oder während bundesweiter Treffen, die »Führer« wollen mit ihrem Auftreten, ihrer gesamten Gestik und Mimik Größe und Erfolg suggerieren.

In zahlreichen Seminaren geschult, greifen sie tief in die Trickkiste der Psychotechnik und fernöstlichen Weisheit. Am Ende stehen jedoch zumeist platte Drohungen – und das alles einzig und allein zu dem Zweck, noch höhere Leistungsbereitschaft, noch mehr Einsatz und Produktivität aus den Mitarbeitern herauszuholen.

Die Ansprachen empfindet Brot oft als zu donnernd und die Absicht als zu durchsichtig. Der Ton, in dem die frohen Botschaften vorgetragen werden, erinnert an Peitschenknallen. Aber obwohl ihm und auch anderen das Gekünstelte und Sektiererische nur zu bewusst ist und sie auch das Gefährliche daran erkennen, ist die seelische Brandstiftung der Büroleiter doch immer wieder erfolgreich. Bei vielen reicht schon ein verführerisches Säuseln, und die Flammen der Begeisterung lodern empor. In den meisten aber entfacht die Hitze der Rhetorik das kalte Feuer der Angst: »Wenn du es nicht schaffst, wenn es dir hier und jetzt nach deinen ganzen Niederlagen und Enttäuschungen nicht gelingt, Erfolg zu haben, kannst du dir gleich den Strick nehmen oder dich zu den Pennern an den Main gesellen.« Im beißenden Rauch der Drohungen bleibt der Weisheit letzter Schluss immer: telefonieren, telefonieren, telefonieren.

Militärischen Handwörterbüchern entliehen, dominieren Kriegsmetaphern: Angriff, feindliches Umfeld, Heckenschützen, Pioniere, Veteranen, Bombengeschäfte. An der Front stehen Feinde, mal gefährliche Heckenschützen, Kriegstreiber von der Presse, diese Schmierfinken, aber auch lächerliche Gestalten wie der »Herr Kaiser« von der Konkurrenz.

Bösser, der heute die Moderation übernommen hat, beginnt den Nachmittag mit einem Paukenschlag: »Da Sie ja sonst eher wenig tun, nehme ich an, dass Sie gelegentlich fernsehen. Da haben Sie doch sicher letztens in der Werbung Ungeheuerliches von denen mit dem grünen Band gesehen. Die rufen jetzt ihre Kunden mit Sparbüchern zurück und fordern sie zum Umtausch auf. Überlegen Sie doch einmal, was das genau bedeutet. Im Grunde geben die jetzt die größte Betrugsaktion, die es je gegeben hat, selbst zu, und niemand merkt es.«

Büroleiter Bösser ist einer der Erfolgreicheren bei ABT & PARTNER und macht den Eindruck, mit allen Wassern gewaschen zu sein. Seit acht Jahren bei der Truppe rackert er sich nun bereits seit drei Jahren ab, um es zum Direktor zu bringen.

»Das waren doch die, die den alten Leuten immer erzählt haben, dass ihr Geld auf dem Sparbuch am besten aufgehoben ist. Nur damit die ihre Geschäfte machen konnten. Rechnen Sie sich doch einmal aus, wie viel geklautes Geld das ist, wenn rund eine Billion Euro auf irgendwelchen niedrig verzinslichen Sparbüchern mit 1,5 Prozent oder von mir aus zwei Prozent Zinsen für zehn oder 20 Jahre liegt. Ich sage es Ihnen: Aus einer Billion werden auf diese Weise nach zehn Jahren 1,2 Billionen und nach 20 Jahren gerade einmal rund 1,5 Billionen. Bei Anlagen, wie wir sie haben – und wir haben die weltbesten Fonds – sieht das so aus: Wenn ich nur mit acht Prozent Zinsen pro Jahr rechne, werden daraus 2,2 Billionen und nach 20 Jahren fast fünf Billionen. All diese Sparer sind von ihrer Bank um rund dreieinhalb Billionen Euro betrogen worden.«

Und dann schneidet Bösser tief in die bemühte, über die Woche gedemütigte Beraterseele: »Ja meinen Sie denn, die Leute draußen, die wüssten das? Die warten doch nur darauf, dass Sie kommen und Ihnen das erzählen. Aber Sie kommen ja nicht, Sie haben ja Besseres zu tun, gehen sonntags ins Schwimmbad, in die Sauna, fahren gar in Urlaub. Selbst hier, wenn Sie einmal in der Woche freitags kommen und eigentlich telefonieren sollten, sehe ich Sie immer nur in Gruppen zusammenstehen, rauchen, Kaffee trinken. Ich sehe, wie Sie alles Mögliche tun und lassen, vornehmlich dummes Zeug reden. Das aber, worauf es ankommt, das tun Sie nicht. Sie arbeiten nicht.«

Wieder dozierend, die Mundwinkel nach unten gezogen, fährt Bösser fort: »Wir wissen, dass in den kommenden Jahren rund zweieinhalb Billionen Euro vererbt werden.« Und indem er den Blick jedes Einzelnen sucht, der sich in dieser Situation am liebsten in den hintersten Winkel verkriechen möchte: »Schauen Sie sich doch bitte mal Ihre Kunden an. Wissen die überhaupt, was sie auf dem Konto haben, und wissen die, was sie damit machen können? Sie wissen es nicht! Verdammt noch mal, fragen Sie Ihre Kunden doch mal, was sie haben, zeigen Sie, dass Sie sich um sie kümmern. Denn die Banken tun das nicht. Die meisten Ihrer Kunden haben Konten bei den Sparkassen und lassen ihre Millionen vor sich hindümpeln. Ein ABT & PARTNER-Berater ist einer, der sich kümmert, dem das Wohl seiner Kunden und sein eigenes am Herzen liegt. Wenn ich Ihre Einheiten sehe, weiß ich, was Sie tun: Nichts, sie tun einfach nichts.«

Nach den gezielten Angriffen, nach dem Feuerwerk, das Bösser direkt über den eingezogenen Köpfen der 40 schick gekleideten Finanzberater gezündet hat, ist es totenstill im Raum. Verlegene Blicke, die auf gefaltete Hände starren, Angst, der nächste zu sein, den sich Bösser vorknöpft. Anders die Neuen, die sich noch unschuldig fühlen und einander in trügerischer Hoffnung anstrahlen: »Ich bin hoch motiviert, ich greife an, ich werde die Konkurrenz vom Platz fegen, Einheiten ohne Ende schreiben. «

Inmitten der gespannten Stille ertönt auf einmal wieder Bössers Stimme, getragen, fest und fordernd, indem er jedes Wort einzeln betont: »Dabei bringt Ihnen jeder Kontakt, jeder Anruf mindestens 60 Euro.

Sie glauben das nicht? Wir wissen, dass jeder ABT & PARTNER-Kunde im Durchschnitt 100 Einheiten bringt. Und im Laufe eines ABT & PARTNER-Lebens, wenn Ihr Kunde gut betreut wird, 2000 Einheiten. Jetzt rechnen Sie sich doch einmal selbst aus, ganz egal auf welcher Stufe Sie sind, was das für Sie bringt.«

Unvermittelt spricht Bösser Judith Messer an: »Frau Messer, Sie sind jetzt auf der Drei-Euro-Stufe. Sagen Sie uns doch einmal, wie oft Sie anrufen müssen, bis Sie einen Termin haben!« Frau Messer schüchtern: »Naja, so bei jedem dritten oder fünften Mal.« »Haben Sie das gehört? Frau Messer, wiederholen Sie das noch einmal laut, so dass es alle verstehen«, fordert Bösser die schüchterne Frau Messer auf, die sich immer gerne ein wenig hinter ihrem Pony versteckt und nun brav wiederholt: »Bei jedem dritten oder fünften Anruf.«

»Bei jedem dritten oder fünften Anruf einen Termin«, echot Bösser laut, macht eine Kunstpause und schreitet mit seinen kurzen Beinen, den mächtigen Wanst nach vorne gestreckt, den Kopf in den zu kurzen Nacken geworfen, zum Overheadprojektor, wirft das Licht an die Wand und schreibt mit grünem Filzstift: 5 Anrufe, 1 Kunde, 100 Einheiten mal 3 Euro gleich 300. Darunter: 300 geteilt durch 5 gleich 60 Euro pro Anruf.

Pause. »Und meine Damen und Herren, wir sprechen hier über Frau Messer. Frau Messer ist erst seit acht Wochen bei uns. Also rechnen Sie sich selbst aus, was Sie tun müssen, um, sagen wir mal, 3000 Euro zu verdienen. Auf Frau Messers Stufe sind das 50 Kontakte im Monat. Jetzt wollen Sie mir doch nicht erzählen, dass Sie nicht jede Woche 15 oder 20 Leute anrufen oder ansprechen können. Das sind zwei Stunden Arbeit pro Woche. Wenn Sie nur jeden Tag zwei Leute ansprechen, ach«, Bösser scheint angewidert zu sein, ist der trägen Truppe, die nichts zu kapieren scheint, müde, »ach, rechnen Sie sich doch selbst aus, was Sie verdienen wollen. Aber das eine sage ich Ihnen noch: Leute, die nur 3000 Euro verdienen wollen, können wir hier nicht gebrauchen.«

Während die Mitarbeiter begeistert mit den Händen klatschen, gar mit den Füßen trommeln, rasen Brot die Gedanken durch den Kopf: »Vielleicht haben die Leute draußen ja wirklich keine Ahnung. Tolp, Bösser, Beyer, die wissen, wo's lang geht. Mensch, nutz das doch. Sieh her, mein Lieber, du hast hier alle Möglichkeiten, die du nur in Bares verwandeln musst. Wenn es nicht geht, mach dir da nichts vor, ist nur einer schuldig: du selbst. Aber warum hat es bloß in der letzten Woche nicht geklappt?«

»Irgendwie hat Bösser ja recht«, denkt Brot weiter, »wo ist das Problem, täglich fünf Leuten zu erzählen, was man macht.« Zudem hegt er immer noch die Vision, seinen Kunden tolle Sachen zu verkaufen und sie aufzuklären.

Siegertypen

Möglicherweise aber sitzen die Ursachen tiefer, und er hat prinzipiell nicht genügend Kraft und Willen zum Erfolg oder, wie es hier heißt, zum Sieg.

Sieger werden hofiert und können sich offenbar alles leisten. Solche wie Bösser haben immer Recht. Der Erfolg gibt ihnen Recht. Einer wie der, denkt Brot, musste sich ein paar Jahre strecken und arbeiten wie ein Schwein. Jetzt hat er es geschafft, auch ohne Ausbildung und mit abgebrochenem Studium.

Nicht nur, dass Bösser ein fünfstelliges Monatseinkommen hat, sondern dies scheint auf Grund der Folgeprovisionen und der stetig wachsenden Organisation, die ihn immer weiter nach oben trägt, auch noch auf Jahre, wenn nicht Jahrzehnte hin gesichert. Der kann sich gegen die Millionen nicht einmal wehren.

Doch gibt es auch die kleinen Sieger, die Tages- oder Wochensieger, und auch die haben es wenigstens für Momente leichter. Leute, die einen oder zwei gute Abschlüsse gemacht haben; selbst die schüchterne Messer scheint besser voranzukommen als er.

Der Umgang mit den kleinen und großen Siegern auf der einen und den Verlierern auf der anderen Seite hat System. So abstoßend das Verhalten der Abteilungsleiter in dieser Hinsicht auch auf Brot wirkt, es fällt ihm schwer, sich der Wirkung, die davon ausgeht, zu entziehen. In einem Buch mit dem Titel *Der Weg zum Erfolg* hat er kürzlich gelesen, dass die meisten Menschen ein unsichtbares Stirnband tragen, auf dem geschrieben steht: Ich will beachtet werden.

Lob und Tadel sind die zentralen Elemente der Betriebskultur von ABT & PARTNER, und die meisten Mitarbeiter reagieren, Kleinkindern gleich, reflexartig auf Beachtung oder Missachtung. Auszeichnungen und Strafen haben im Verhaltensrepertoire aller Führungskräfte auf allen Ebenen höchste Priorität. Taggleich, bis hin zur stündlichen Kontrolle, informieren sich ABT & PARTNER-Berater in Leitungspositionen über die Ergebnisse ihrer Mitarbeiter. Nicht selten erhält Brot von Beyer per Mobilfunk eine SMS: »Wie weit sind Sie mit Meier?« oder: »Wie viele Termine haben Sie heute vereinbart?« Oder es laufen Telefaxe ein, etwa des Inhalts: »Bitte teilen Sie mir umgehend das Ergebnis Ihrer Beratung mit Meier mit! Wie viele Termine haben Sie für morgen vereinbart?« Wichtig ist, dass der Berater keine Gelegenheit zum Nachdenken findet und immer auf Trab gehalten wird. Das geht hin bis zum Telefonterror, dem ganze Familien sogar am Abend und selbst am Sonntag ausgeliefert sind.

Entsprechend direkt sind dann auch die Reaktionen,

wenn ein Erfolg zu vermelden ist. Die Palette reicht vom »Sehr schön« bis zur Bühnenauszeichnung mit Geschenk. Gute Monatsergebnisse werden dann noch einmal besonders belohnt, indem man im »Club der Besten« gemeinsam mit dem Direktor in ein Nobelrestaurant oder zu anderweitigen Veranstaltungen eingeladen wird, Partner inklusive.

Schwache Ergebnisse hingegen werden abgestraft. Angefangen vom sehr spröden Gruß, der Nichtbeachtung beim Verabschieden, über das Belächeln, die Verunglimpfung bis hin zur Drohung, dass man sich gegebenenfalls voneinander trennen müsse, werden alle Register negativer Aufmerksamkeit gezogen.

Die Ergebnisse der einzelnen Berater werden nicht nur täglich neu per Aushang veröffentlicht, sondern auch bewusst kommuniziert. So ist das am Erfolg orientierte Gespräch das einzige, das überhaupt gepflegt wird. Mitarbeiter, die über einen längeren Zeitraum von etwa einem Monat wenig erfolgreich waren, schleichen bei ABT & PARTNER nicht selten wie geprügelte Hunde durch die Gänge und trauen sich kaum, das Wort zu ergreifen.

Nicht nur Brot wird bei Einwürfen in Schulungen einfach abgebürstet: »Herr Brot, wie viele Einheiten haben Sie im letzten Monat geschrieben? – Sonst noch was?«

Im Bewusstsein der Führungskräfte haben Erfolge nur so lange Bestand, bis der nächste genauso gute oder bessere Ergebnisse vorweist. Nicht selten welkt der gerade empfangene Lorbeer am gleichen Tag, und Brot, eben noch in aller Munde, ist längst vergessen.

Für die Neuen, die in ihren ehemaligen Arbeitsverhältnissen Nichtbeachtung gewohnt waren, hat die unmittelbare Wahrnehmung ihrer Leistung natürlich eine erhebliche

Bedeutung. Kaum bei ABT & PARTNER und schon eine Lebensversicherung verkauft (wenn der Verkauf auch über die Führungskraft vermittelt war) – das verschafft die seit langem vermisste Beachtung. Über Nacht ist man wer, vielleicht sogar der Größte. Das zeigt Wirkung, umso mehr, wenn das Lob danach, mangels Umsatz, wieder ausbleibt und die bekannte Nichtbeachtung sich wieder einstellt. Denn merke: Ich brauche ja nur wieder eine Lebensversicherung zu verkaufen und schon stehe ich erneut im Rampenlicht.

Brot kann es kaum fassen, wie eben noch bedrückt durch die Gänge schleichende Pinguine sich am nächsten Tag in schwadronierende Grafen verwandeln, die die Nase himmelwärts richten.

Auch Brot versucht – meist vergeblich –, sich den Pawlowschen Reflexen zu entziehen, und lässt sich von diesem System gefangennehmen. Er muss sich eingestehen, dass er sich einfach besser fühlt, wenn er gelobt wird und Beachtung erfährt, selbst wenn Lob und Beachtung von einem wie Bösser kommen, der über Leichen geht.

An anderen Aktivtagen werden zur Motivation auch schon einmal Filme vorgeführt. Letzthin etwa *Eye of die Tiger*, ein amerikanischer Boxerfilm, der die Geschichte eines Handlangers erzählt, der sich durch hartes Training zum Weltmeister emporboxt. Brot schaut sich um. Neben ihm sitzen promovierte Leute, Stadträte, Büroleiter – Messer, Knoll, Schrot. Alle applaudieren, einige johlen gar. Ohne Frage, alles geht, wenn du nur willst. »Jürgen Brot, du Pfeife, mach' Druck, gib nicht auf!«

Nur ganz zu Anfang ist das Telefonieren am Aktivtag kostenlos. Gleich nach der Prüfung zum Finanzberater werden die Telefonkosten dann genauso abgerechnet und dem Provisionskonto belastet wie Pauschalen für die Nutzung der Büroräume. Auch ohne eigenen Schreibtisch, Computer und Telefon, geschweige denn ein eigenes Büro entstehen so erhebliche monatliche Kosten, gestaffelt nach der Stufe, die man in der Hierarchie einnimmt.

Doch bevor das Mobiltelefon, das sich jeder gleich bei der Ankunft geschnappt hat, nun endlich in Aktion tritt, pfeift Bösser die gesamte Mannschaft noch einmal zurück: »Halt, warten Sie – die Statistik.«

Die Namen aller Anwesenden – mit Ausnahme des Büroleiters versteht sich – werden auf einem Flipchart untereinander gelistet. Hinter jeden Namen notiert Bösser zwei Zahlen: Die erste steht für die Anzahl der Termine, die der Einzelne in der abgelaufenen Woche vereinbart hat, die zweite für das Soll, das er sich für heute gesetzt hat. »Messer?«, bellt Bösser in den Raum. »Drei und sieben«, kommt die Antwort. »Knoll!« »Zwei und ...« Bösser: »Was zwei, sagen Sie mal, Knoll, sind Sie zum Spaß hier? Erzählen Sie nichts, wie viele bringen Sie?« Knoll: »Acht.« Bösser: »Na also. Schrot?« Schrot: »Sieben und sieben.« Lautes, anerkennendes Fingerklopfen. »Nehmen Sie sich an Schrot ein Beispiel, der Mann wird es zu was bringen. Und fragen Sie sich immer, wie viel wollen Sie verdienen. Na, dann hauen Sie rein, wir treffen uns um neun wieder hier.«

Die meisten Finanzberater versorgen sich zunächst mit Kaffee und Tee, suchen das Fachgespräch, den aufgeblasenen pseudo-wirtschaftswissenschaftlichen Austausch mit den Kollegen, man trifft sich ja nur einmal pro Woche. Da wird über Börsenkurse, die Entwicklung des DAX, den eigenen Börsengang, Renditen und clevere steuersparende Geldanlagen schwadroniert, als ob sie alle Banker oder Börseninsider wären.

Die ganz neuen, tadellos gekleideten Mitarbeiter suchen mit den Blicken ihre Vorgesetzten, erhoffen sich erste Anregungen und Hilfestellungen. Die besonders stark motivierten Mitarbeiter, die schon die ersten Seminare der Grundausbildung absolviert haben, und die großen Angsthasen legen sofort los. Brot gehört zur letzteren Gruppe. Langsam reiht sich Strich an Strich.

Brot sucht begierig den Erfolg und hat gleichzeitig totale Angst zu versagen. Seine Resultate beim Telefonieren sind in der Regel zweistellig. Damit hat er sich für den Augenblick zehn neue Chancen und wegen der relativ hohen Ausfallquote zumindest fünf neue Möglichkeiten erkämpft. Wenigstens fünf Menschen, denen er in der nächsten Woche begegnen wird, die ihm die Gelegenheit bieten, endlich Gas zu geben, dorthin zu gelangen, wo die anderen schon sind, um das Rad in Schwung zu versetzen, damit es dann irgendwann von alleine läuft.

Auf Grund seiner relativ guten Ergebnisse beim Telefonieren darf auch Brot immer wieder auf die Bühne und lässt sich auszeichnen mit Traktaten wie: *Das Prinzip Gewinnen, Der Minutenmanager, Wege zum Erfolg,* allesamt Bücher von Erfolgsautoren, die, wie Arthur Williams, im Untertitel versprechen: »Tun Sie alles, was Sie tun können, und Sie werden alles erreichen.« Positives Denken als Schlüssel zum Erfolg, allen Widrigkeiten zum Trotz.

Dabei muss er damit leben, schon nach nur vier Monaten ABT & PARTNER kaum noch Freunde zu haben. Ohne seine neue Freundin Miriam und deren Unterstützung wäre er hilflos und könnte sich manchmal bereits die Fahrt nach Frankfurt nicht mehr leisten. Einsam geworden, fährt er durch die Nacht heimwärts. Während sein Auto fast von alleine über die wenig befahrene Autobahn rollt, dröhnt aus dem Radio Kuschelrock. Dazu Büchsenbier, das er sich noch kurz vor der Autobahn zur Entspannung an einer Tankstelle gekauft hat. Zu Hause wartet sowieso niemand auf ihn. Obwohl er Miriam mag, verabredet er sich immer seltener mit ihr. Er will endlich einmal Erfolge vorweisen, ihr zeigen, dass er es schaffen wird. Noch ist er nicht so weit. Noch lange nicht.

Es ist Freitag Abend, kurz vor Mitternacht, als er in seiner Stammkneipe eintrifft. Zwei, manchmal drei Bier hat er schon während der Fahrt getrunken und kann sich entsprechend gelöst wieder unter Menschen wagen. Noch in Arbeitskleidung, im seriösen, wenn auch noch nicht dunklen, Dreiteiler mit Krawatte fällt er auf. Keine Kneipe für Anzüge – Brot nimmt es gelassen, lächelt und trinkt. »Na Jürgen, wie geht's?« »Gut, ganz gut, sehr gut.« Sich bloß nichts anmerken lassen. Und wenn möglich, das Gegenüber locken, Renditeversprechen, Zweifel wecken, Bodennebel von Glück verbreiten.

Eigentlich will er dort nur gemocht, akzeptiert sein. Seine Methoden isolieren ihn jedoch mehr und mehr, und er ist sensibel genug, um sich dessen bewusst zu sein. Allein – er kann nicht anders, kann nicht mehr zurück, jeder Rest von Gelassenheit wird nur noch hart per Pils ertrunken. Am nächsten Morgen dankt er Gott dafür, den Fängen der Polizei entgangen zu sein. Einziger Trost ist, nicht noch tiefer in den Sumpf der Schwierigkeiten geraten zu sein.

»Wir sind die Größten. Überlegen Sie sich doch einmal,

wer ist denn so verrückt wie wir, Freitag abends wildfremde Menschen anzurufen und denen Geld zu schenken.« Schon im Morgengrauen hebt sich die tumbe Botschaft Bössers ins Brot'sche Bewusstsein. Er lächelt, ja, wer ist denn schon so verrückt, grinst für Momente, schöpft Hoffnung aufgrund seiner zehn oder zwölf Termine.

Es ist Wochenende. Zeit zum Abschalten. Doch trotz aller Bemühungen wandern seine Gedanken zum Schreibtisch – zu den unerledigten Anfragen, Erinnerungen, Mahnungen, Schreiben vom Amtsgericht, einem Strafmandat. Bloß weg von hier und hin zum Erfolg.

Heute bringt Brot es nicht fertig, sich zu stellen, seine Post zu erledigen. Nicht nur heute.

DIE ERSTE UNTERSCHRIFT

Auf Basis der Datenerhebungen, die Brot peinlich genau, Ziffer für Ziffer, Spalte für Spalte mit seinen Kunden durchgeht, gelingt es ihm nach Wochen schließlich zu vermitteln, dass es tatsächlich Vorteile bringt, eine alte Versicherung zu kündigen und dafür eine neue zu kaufen. Schließlich fällt der Nachweis, dass auch eine Einsparung von jährlich nur 100 Euro, auf 20 oder 30 Jahre betrachtet, 2000 oder 3000 Euro ausmacht, nicht sonderlich schwer. Die Krux ist nur: Aus Änderungen bei Sachversicherungen, die für die Kunden meist vorteilhaft sind, erhält der Berater häufig keine Provision, sondern das Geld wandert gleich in den allgemeinen Etat der Gesamtorganisation oder den der einzelnen Büros. Umsätze, die aus solchen Versicherungen resultieren und in der Regel mit genauso viel Arbeitsaufwand wie der Abschluss von Sparanlagen verbunden sind, kommen der Organisation zu Gute. »Woher, mein lieber Herr Brot, sollen die Werbemillionen denn kommen, und wir werben doch auch für Sie. Da müssen Sie Ihren kleinen Beitrag schon leisten.«

Wie auch immer – die erste Unterschrift ist für Brot sehr wertvoll. Jemand unterschreibt einen Vertrag, den er ausfüllt. Jemand schenkt ihm Vertrauen. Also doch.

Seinen Vorgesetzten muss Brot geradezu zwingen, ihn zu den ersten Beratungen zu begleiten. Dass dann nur eine Haftpflichtversicherung dabei herausspringt, ist Beyer zwar im Vorfeld klar, aber er nimmt es als Beweis für seine Überflüssigkeit: »Ich glaube, darüber brauchen wir uns in Zukunft nicht mehr zu unterhalten, so etwas können Sie doch beim nächsten Mal alleine machen, oder etwa nicht?!«

Die wenigen Provisionen, die ABT & PARTNER seinem Berater für Sachversicherungen zahlt, reichen nicht einmal aus, die laufenden Kosten zu decken. Deshalb ist der Berater notgedrungen und nach einer gewissen Gewöhnungszeit beinahe automatisch darauf aus, das vom Kunden gesparte Geld diesem gleich wieder aus der Tasche zu ziehen und für sich zu vereinnahmen. Mit anderen Worten, er zeigt dem Kunden, dass es für ihn am sinnvollsten ist, das gewonnene Geld gleich wieder anzulegen. Aber was soll Brot mit einer Investition von 100 Euro im Jahr anfangen? Das sind ja nicht einmal 10 Euro monatlich. Die unterste Grenze einer auch für den Berater interessanten Investition des Kunden sind Monatsbeiträge ab 50 Euro – allerdings auch erst dann, wenn die Laufzeit stimmt; denn die Provisionen beziehen sich auf die gesamte Beitragssumme. Erst eine Lebensversicherung mit einer Beitragssumme von insgesamt 50 000 Euro bringt Brot 100 Einheiten. Auf der Drei-Euro-Stufe sind das ganze 300 Euro für den Berater.

Einige Tage danach führt Brot wieder einmal eine Daten-erhebung bei einem seiner Sportsfreunde durch. Der signa-lisisiert ihm, dass die kleine Familie für ein Haus, vielleicht auch eine Eigentumswohnung spare und plane, das Vorha-ben möglichst bald umzusetzen. Jetzt gilt es besonders wachsam zu sein und alle Hebel in Bewegung zu setzen, um die Sache erfolgreich zum Abschluss zu bringen.

Einerseits will Brot nur das Beste für seinen Bekannten und dessen Familie, andererseits will er natürlich seine ers-te Provision kassieren und weiter empfohlen werden. Die kleine Familie vertraut Brot als Mensch und auch als Bera-ter völlig. Daran ändert sich auch nichts, als er ihr – wie al-len seinen Kunden – offenbart, noch am Beginn seiner Aus-bildung zu stehen, aber mit Herrn Beyer einen sehr klugen und erfahrenen Wirtschaftsexperten als Mentor zur Seite zu haben. Ein derartiges Vertrauen ist neu für Brot. Eigentlich hatte er das immer erwartet, aber es mussten anscheinend vier Monate vergehen, bis er nun einmal in dessen Genuss kommt.

Beyer zeigt, was er kann. Er entdeckt einige Einspar-möglichkeiten, berechnet, dass die Familie ihre geplante Immobilie viel früher als erwartet bezahlt haben wird, und entwickelt im Anschluss daran einen bestechenden Haus-haltsplan. Brots Bekannte, eher einfache Leute, sind beein-druckt. Auch Brot ist sich in diesem Moment sicher, in den besten Händen zu sein.

Am Ende der Beratung, die alles zusammen genommen etwa zwölf Stunden verschlingt, ist der Lohn der Mühe zählbar: 220 Einheiten und Verträge, die sich wie von selbst unterschreiben. Und seine Freunde wollen ihn auch gerne weiterempfehlen.

Brot lernt relativ schnell, seinen Kunden Vorteile bei der

Nutzung vermögenswirksamer Leistungen aufzuzeigen. Den meisten ist unbekannt, dass es seit einiger Zeit einen staatlichen Fördertopf für fondsgebundene Anlagen gibt. Sie haben Bausparverträge abgeschlossen, die bei durchschnittlich dreiprozentiger Rendite gerade mal die Geldentwertung auffangen. Nicht gerade der Hit, wie auch seine Kunden nachvollziehen können, wenn man auf Grund zu hohen Einkommens die staatliche Prämie von zehn Prozent nicht einstreichen kann. Dazu passt dann die Nachricht, dass ein von ABT & PARTNER vermitteltes Produkt von einer Wirtschaftszeitung zum Fondsweltmeister gekürt worden ist. Besonders der ins Auge springende Aufmacher »Weltmeister« beeindruckt. In dieser Zeit macht es relativ wenig Mühe, bei den weniger betuchten und sogar bei den übervorsichtigen Kunden wenigstens den Bausparvertrag still zu legen und die vermögenswirksamen Leistungen zukünftig in »weltmeisterliche« Hände zu geben.

SANDWICH-GESPRÄCHE

»Mein lieber Herr Brot, sagen Sie mal im Ernst, wer ist denn letztlich und eigentlich dafür verantwortlich, wenn es nicht läuft, und seien Sie mal ehrlich – wie viel wollen Sie denn verdienen?«

Die Treffen mit Beyer, seiner Führungskraft, verlaufen stets nach dem gleichen Muster: Erst wird Brot gelobt, dann getadelt und anschließend mit Lob entlassen. Das Vorgehen nennt sich Sandwich-Methode. Im wöchentlich anberaumten persönlichen Gespräch findet sich immer ein Grund, Brot für irgend etwas, am besten natürlich für einen gelungenen Abschluss oder die Anzahl vereinbarter Termine zu loben. Wenn gar nichts lobenswert erscheint, wird Brot aufgenommen in die Gemeinschaft der Heiligen; dann suggeriert ihm Beyer, dass er Teil hat am Erfolg des gesamten Büros, der Direktion, der Gesellschaft. Oder es wird ihm eine Redewendung, was für ein Blödsinn auch immer, als besonders gelungen und lobenswert vor Augen geführt.

Im Anschluss daran kommt die Sprache auf die Ziele des letzten Meetings, die wie immer nicht erreicht wurden. Selten fragt Beyer, warum dies so ist. Letzten Endes läuft immer alles auf die Frage hinaus: »Sagen Sie mal, wie viel wollen Sie eigentlich verdienen? Wollen Sie wirklich nur 50 000 Euro verdienen oder wollen Sie sich nicht wenigstens am Durchschnitt unserer Mitarbeiter orientieren, die 100 000 pro Jahr haben? Das kann doch nicht Ihr Ernst sein, mit Ihren armseligen 220 Einheiten in unserer Liga mitspielen und zu uns gehören zu wollen. Ich sage es einmal so: Die Besten haben bei uns 25 000 Euro im Monat und mehr.«

Die Ohrfeige sitzt. Und schon folgt die obligatorische Quotenrechnung. In der Ausbildung zur Anwerbung neuer Mitarbeiter wird Brot später lernen: Vergessen Sie nie die Quotenrechnung. Sein Vorgesetzter hält sich daran und fährt fort: »Sie sind doch der richtige Mann für diesen Beruf. Sie haben die allerbesten Voraussetzungen dafür. Sehen Sie, im Schnitt erzielen unsere Mitarbeiter pro Datenerhebung rund 100 Einheiten. Was glauben Sie, wie viele Beratungen können Sie in der kommenden Woche durchführen. Zwei oder drei oder sogar mehr?

Nehmen wir einmal an, Sie würden pro Woche zwei erfolgreiche Beratungen durchführen. Das sind dann acht Beratungen im Monat, mal 100 Einheiten, sind 800 Einheiten, die Ihnen schon zu Beginn, also im ersten Monat auf der Drei-Euro-Stufe, 2400 Euro einbringen. Sagt Ihnen das was?

Nach wenigen Wochen erreichen Sie dann schon die Vier- oder Fünf-Euro-Stufe. Als Finanzberater, nachdem Sie innerhalb eines Jahres universitär ausgebildet wurden, haben Sie die Sechs- oder Sieben-Euro-Stufe erreicht. Vielleicht, nur mal angenommen«, Beyer macht eine Pause und blickt Brot wieder einmal treuherzig und gutmütig in die Augen, »wollen Sie auch, wie ich, über 200 Euro in der Stunde verdienen?«

Was soll Brot darauf entgegnen? Da will er doch auch hin. Natürlich ist das alles denkbar und selbst bei vorsichtiger Betrachtung, was jedenfalls die Vielfalt seiner Kontakte und auch seine zeitliche Möglichkeiten betrifft, durchaus machbar.

Trotzdem hat es wieder nicht geklappt. Unterdessen ist aber ein neues Problem aufgetaucht. Da Brot im Verlauf der ersten Wochen schon so viele Menschen angesprochen hat, ist seine Liste potenzieller Kunden erheblich geschrumpft.

Während Brot rechnet, abwägt, zweifelt und Mut fasst, fährt Beyer fort: »Ich kann mir vorstellen, dass Sie das im Moment alles noch nicht ganz glauben können. Ich bin ganz ehrlich: Ich habe das auch erst geglaubt, als ich meinen ersten Scheck über 10 000 Euro in den Händen gehalten habe.«

In der Tat verdienen einige Büroleiter so viel. Und Brot wird lange Zeit über noch davon ausgehen, dass Beyer dazugehört.

»Ich sage es Ihnen noch einmal: Im kommenden Sommer sind Ihre finanziellen Probleme gelöst. Wenn Sie alles so machen, wie ich es Ihnen sage, werden Sie Ihre Schwierigkeiten schon bald bewältigt haben.« Beyer packt Brot wieder einmal an seiner empfindlichsten Stelle. Ist die Enttäuschung auch groß, seine finanzielle Misere ist noch größer.

Brot weiß, dass das Gespräch bald beendet sein wird – der Mann hat schließlich Termine, ist umworben und gibt sich dennoch so lange mit ihm ab. Beyer also setzt zum Finale an: »Im Ernst, können Sie sich vorstellen, dass es Menschen gibt, die nicht daran interessiert sind, ihre Ausgaben zu senken und ihre Einnahmen zu erhöhen?! Stellen Sie sich einmal vor, Sie erzählen Ihren Bekannten, dass es Ihnen neuerdings gut geht. Dass Sie Möglichkeiten kennen, die viel ertragreicher sind als alle ihnen bislang bekannten Geldanlagen. Fragen Sie die doch einmal danach, wie viel Prozent sie für ihre Anlagen bekommen! Überprüfen Sie doch einmal, wie viele Ihrer Bekannten Versicherungen haben! Glauben Sie nur, dass wir da für Sie und Ihre Kunden Geld herausholen können. Also, Herr Brot, Sie dürfen sicher sein, Sie schaffen es. Wir sehen uns dann am Freitag wieder.«

Genau so verlaufen die Gespräche immer und immer wieder zwischen den so genannten Führungskräften und deren Mitarbeitern.

Alles wie beim Fussball

Nach den ersten 300 Einheiten ist Brot aus Sicht des Unternehmens so weit, tiefere Kenntnisse über das Verkaufen zu erhalten, und wird offiziell »eingeladen«, ein Grundlagenseminar darüber zu besuchen. Brot solle, so versucht Beyer es ihm zu vermitteln, die Einladung zu diesem Wochenendseminar als notwendige Zurüstung auf dem Weg zum Erfolg, aber auch als erste Auszeichnung für seine bisherigen Ergebnisse betrachten.

Zwei Dinge leuchten Brot nicht ein: der relativ hohe Preis für das Seminar und der Zeitpunkt. Beyers Erklärungsversuch schenkt er keinen Glauben: »Das verstehen Sie doch, dass wir uns unsere Mitarbeiter erst einmal ansehen müssen, bevor wir Geld in sie investieren. Wir müssen doch erst einmal prüfen, ob sich das Unternehmen Brot überhaupt lohnt. Verstehen Sie, was ich meine?« Brot versteht nicht. Schon gar nicht, dass immer er zuerst den Preis entrichten soll, die Firma sich aber mit Leistungen bedeckt hält.

Offiziell heißt es, dass die 200 Euro, die er und 35 weitere Neulinge für eine Übernachtung, Vollpension, freies Trinken und die besten Trainer des Unternehmens im voraus zu zahlen haben, von ABT & PARTNER hoch subventioniert seien. Mit den »besten Trainern« jedenfalls hat man, wie sich herausstellen wird, den Mund zu voll genommen: altbackene Manuskripte, die wenig begeisternd vorgetragen werden, Folien, die schon Generationen von Verkäufern vorgeführt worden sind, Trainer, die nur Pflichtdienst leisten. Wen wundert's, wenn man weiß, dass viele von ihnen nur wenig weiter sind als die Anfänger, die sie unterrichten sollen, dass sie häufig genauso stark unter finanziellem Druck stehen wie diese und man ihnen zudem noch abverlangt, ohne einen Cent Honorar ihre rare freie Zeit in irgendwelchen Hotels mit Neulingen zu verbringen.

Es ist Anfang Januar und bitterkalt, als Brot am Samstag Nachmittag im Seminarhotel eintrifft. Die in die Jahre gekommene Anlage hat in den Sechzigern Fußballmannschaften als Trainingslager gedient. Für Brot liegt die eigentliche Attraktion der Veranstaltung in der Aussicht, zwei halbe Tage und eine Nacht ausspannen zu können. Denn inzwischen arbeitet er Tag und Nacht. Von montags bis freitags ist er für verschiedene Redaktionen im Einsatz, schreibt, oft für Zeilenhonorar, gleich für mehrere Zeitungen, um sich sein Auskommen zu sichern. Am Wochenende veranstaltet er

Rundfahrten und ansonsten telefoniert und terminiert er für seine Zukunft. Hier, im Hotel, unter lauter hoffnungsvollen Leidgenossen wird er nicht abgelehnt, nicht gefordert. Er hört einfach mit gelassener Neugier zu; ist für Stunden ohne Druck unter Gleichgesinnten. Ganz gleich welche Beweggründe den Einzelnen zu ABT & PARTNER geführt haben – ob es die zerbrochene Familie, das geplatzte Geschäft, eine altersbedingte betriebliche Freisetzung oder einfach die Lust war, etwas ganz anderes zu tun: Heute scheinen viele Unterschiede aufgehoben, Wunden vergessen.

Direktor Tolp begründet gleich zu Beginn der Tagung die Wahl des Hotels mit dem Motto der Veranstaltung: »Bei uns ist alles wie beim Fußball« und lädt zur Praxis aufs Feld ein. Es ist schon einige Zeit her, dass Brot sich Zeit genommen hat, Fußball zu spielen. Es ist Winter, der Boden gefroren, als man sich früh am Morgen auf dem Sportplatz versammelt, wo sich einst die Offenbacher Kickers, die Frankfurter Eintracht, sogar Nationalmannschaften fit gemacht haben: stoppen, passen, dribbeln, schießen und Kopfball spielen, wie im richtigen Leben eben. Brot legt sich besonders ins Zeug, es macht ihm Spaß zu spielen, sein Team gewinnt 2 : 1, beide Tore gehen auf sein Konto.

Zurück im Schulungsraum liefert das absolvierte Fußballspiel die Vorlagen zur Verkäuferausbildung. Brot lernt, wie wichtig es ist, ohne Kompromisse auf Leute zuzugehen, dass das Ausrutschen Teil des Spiels, das Hinfallen Voraussetzung zum Erfolg ist. Er lernt, dass es nur darauf ankommt, wieder aufzustehen und den Torschuss, das Anrufen ständig zu üben. Nur wer wie Profis täglich trainiert, ist auch erfolgreich – so Direktor Tolp.

»Dazu gibt es Hilfen, die Kontaktmodule, die wir heute lernen wollen. Doch zuvor ein paar Regeln:

Erste Regel: *Schließe niemanden aus.* Aus einer Hundehalterhaftpflicht ist schon manchmal eine Immobilienfinanzierung geworden. Ein Gespräch ist nie repräsentativ. Die Kunden sind skeptisch, weil sie noch nicht wissen, worum es geht. Daher gilt:

Zweite Regel: *Ein ›Nein‹ am Telefon nie auf sich selbst beziehen.* Meist ist eine Ablehnung nur Resultat schlechter Erfahrungen, die das Gegenüber gesammelt hat. Vielleicht hat der Gesprächspartner grundsätzlich eine negative Einstellung zum Leben, oder er ist einfach nur müde. Deshalb ist es besonders wichtig, bei einem »Nein« unbedingt mit dem Telefonieren fortzufahren. Ein Andre Agassi hört nach einem Doppelfehler nicht auf zu spielen. Im Gegenteil, er bemüht sich, beim nächsten Aufschlag unbedingt ein As zu schlagen.

Dritte Regel: *Setzen Sie die Kontaktmodule ein.* Auch ein Autobauer spricht nicht vom Getriebe seines Fahrzeugs, sondern von der Lust am Fahren.

Schließlich die vierte und wichtigste Regel: *Ausschließliches Ziel des Telefonierens ist der Termin.*

Und so bereitet man sich am besten für den Anruf vor: Räumen Sie Ihren Schreibtisch auf, kleiden Sie sich wie ein Finanzberater, und vor allem erinnern Sie sich an vergangene Erfolge. Denken Sie daran: Sie haben nur einen Schuss. Daher lächeln Sie, sprechen Sie überlegt und langsam, das macht Sie überlegen und halten Sie die Sprechmuschel direkt vor den Mund.«

Brot lernt, dass ein Telefonat immer nach dem gleichen Muster verläuft: Begrüßung, positive Atmosphäre schaffen, Bezug zum Empfehlungsgeber herstellen, Vorstellen der eigenen Tätigkeit, Nutzen durch das Kontaktmodul aufzeigen, Provozieren der Frage, worum es eigentlich geht, darauf entsprechend antworten, Terminvereinbarung mit Einbeziehung des Partners, Wegbeschreibung einholen und sich positiv verabschieden.

Nun kommt es allerdings gelegentlich vor, dass die Angerufenen vertiefende Fragen stellen, weil Sie den Nutzen noch nicht gleich auf sich übertragen können. (Wie sollten sie auch.)

Für diese Fälle lernt Brot Module, Argumentationshilfen und so genannte Einwandbehandlungen, die sich, so Direktor Tolp, in 95 Prozent aller Fälle als ausreichend erwiesen haben, erste tiefer gehende Fragen zu beantworten.

Meistens setzt die Sollbruchstelle an dem Punkt ein, wo der Berater dem Angerufenen suggeriert, wissen zu wollen, wie das alles konkret funktioniert. Wenn der Kunde Fragen hat, kommen sie an dieser Stelle.

»Frau Meier, jetzt werden Sie sicherlich wissen wollen, worum es hier im Einzelnen geht, richtig?«

»Ja, natürlich.«

»Prima, dann schlage ich vor, wir setzen uns einmal zusammen, ich zeige Ihnen, worin meine Aufgabe besteht, und Sie treffen dann eine Entscheidung, ob das Ganze für Sie interessant ist, einverstanden?«

»Ja, mmh, können Sie mir das nicht etwas genauer erläutern?«

»Prima, dass Sie gleich an näheren Informationen interessiert sind. Im Wesentlichen geht es darum, weniger auszugeben und mehr zu erzielen. Das ist ja für jeden interessant, stimmt's?«

» Ja.«

»Prima, dann schlage ich vor, wir setzen uns einmal zusammen ...«

Wenn der Angerufene noch weitere Informationen wünscht, wird folgendermaßen verfahren:

»Ja, wie soll das denn funktionieren, weniger auszugeben und mehr zu erzielen?«

»Frau Meier, gerne erläutere ich Ihnen das Ganze etwas näher. Sie kennen doch sicherlich Magazine wie *Capital, Stiftung Warentest, DMEuro* etc. oder Fernsehsendungen wie den *ARD-Ratgeber Geld* und einige andere. Dort erhalten Sie ständig Tipps, wie der Bundesbürger seine Kosten senken und seine Einnahmen erhöhen kann. Mal ehrlich, nutzen Sie denn alle Ihre Chancen ganz konsequent aus?«

»Nein, natürlich nicht.«

»Sehen Sie, Frau Meier, eine meiner Aufgaben ist es, die für Sie passenden Möglichkeiten herauszufinden und Ihnen aufzuzeigen. Im Durchschnitt erzielen wir für unsere Kunden dabei wirtschaftliche Vorteile über einen Zeitraum von fünf Jahren betrachtet in Höhe von 5000 Euro. Damit Sie sich davon ein ganz persönliches Bild machen können, schlage ich vor, wir setzen uns einmal zusammen ...«

Selbstverständlich ist es wichtig, dass wir keine Termine machen, sondern uns immer nur verabreden, uns zusammensetzen, ein Treffen vereinbaren, bloß keinen Termin machen. Eines von vielen Unwörtern, die Brot lernen wird zu vermeiden.

Am Ende bekommen alle eine Hörkassette mit den Kontaktmodulen überreicht, und der Direktor gibt ihnen folgenden Ratschlag mit auf den Weg: »Lernen Sie die Kontaktmodule auswendig und wenden Sie diese konsequent an. Denken Sie an nichts anderes. Das Rad ist schon erfunden. Diese Kassette ist das Wertvollste, was Sie besitzen. Hier hören Sie die Essenz dessen, was Hunderte der besten Berater in unzähligen Telefonaten zusammengetragen haben.«

Schon auf der Rückfahrt in seinem Wagen beginnt Brot die Module auswendig zu lernen: »Stellen Sie sich einmal vor ...«

AUSBILDUNGSKOSTEN

Entgegen den Versprechungen bei der Anwerbung neuer Mitarbeiter zieht die Ausbildung für jeden Teilnehmer erhebliche Kosten nach sich – versteckte und ganz offensichtliche.

Dazu gehören die Aufwendungen für Fahrten zur Ausbildung und zum Kunden, für Verpflegung und nicht selten komplett neue Garderobe, für Briefpapier und Visitenkarten, schließlich hohe Telefonkosten. Ganz abgesehen davon werden neue Mitarbeiter mehr oder weniger genötigt, sich ein möglichst repräsentatives Auto zuzulegen, am besten ein dunkelblaues aus Stuttgart oder München.

Noch bedenklicher sind andere Kosten. Das beginnt mit dem unbedingt notwendigen Ausbildungsordner, der schwarzen »eleganten« Vertretermappe für 90 Euro, den 5 Euro teuren Datenerhebungsbögen und setzt sich fort über die teilweise völlig veralteten fotokopierten Seminarunterlagen – für Mist sind auch 20 Euro zu viel. Dazu kommen Seminar- und Prüfungsgebühren sowie entsprechend teure Hotelkosten (Standard ist Maritim oder Holiday Inn). Diese Seminare kosten dann schon mal bis zu 1200 Euro (fast geschenkt), allerdings ohne Nebenkosten, »gehobene Freizeitkleidung« und dem, was sonst noch so dazugehört.

Die Seminargebühren, als Unkostenbeiträge deklariert, sind für das Unternehmen eine zusätzliche Einnahmequelle. Richtig abkassiert wird auf der Ebene der Teamleiter.

Schrot, der es zum Teamleiter bringt, stöhnt darüber, dass die obligatorischen Weiterbildungsveranstaltungen, deren Nutzen höchst fragwürdig ist, grotesk teuer sind: Da werden dem Provisionskonto für ein dreitägiges Seminar schon mal 1500 Euro belastet, Kost und Logis im Holiday Inn Essen eingeschlossen.

Selbst für die sonntäglichen Übungsstunden im Rahmen von Sondertrainingseinheiten im Frankfurter Büro werden Eintrittskarten, mal für 15, mal für 35 Euro verkauft, die meistens bar bezahlt werden müssen.

DAS GELÖBNIS

»Wenn Sie wirklich erfolgreich werden wollen, sind Sie ohne unsere Seminare chancenlos.« Den Beweis für Beyers Behauptung liefern soeben von einer niedrigen auf eine höhere Hierarchiestufe beförderte Mitarbeiter, die ihren Erfolg und ihre Umsätze just auf dieses oder jenes Seminar zurückführen.

Nur 14 Tage nach dem Winterseminar im Taunus mit Kontaktmodulen und Fußballspielen wird Knoll vorgeführt. Es ist Freitag Abend, Aktivtag, die Termine sind gemacht, und alle versammeln sich wie immer noch einmal zum »Gebet«.

In der Regel werden immer die gleichen auf die Bühne geholt: diejenigen mit den meisten Terminen und den höchsten Umsätzen. Der 40-jährige Knoll, der mehrmals die Woche zwischen Limburg und Frankfurt pendelt, gehört eher zum Mittelmaß. Heute hat er allerdings erstmals mehr als zehn Termine vereinbart. Grund genug, ihn auszuzeichnen.

Knoll ist einer von denen, die – aus welchen Gründen auch immer – zu kurz gekommen sind. Einer von denen, die beim Sport zuletzt in die Mannschaft gewählt werden. Der untersetzte Kollege mit einer Körpergröße von nur 1,65 Meter, der immerzu auf der Hut zu sein scheint, steckt auch heute in einem Anzug, der ihm nicht passt.

Bösser kündigt ihn an: »Und nun, meine Damen und Herren, will ich jemand auf die Bühne holen, den Sie alle kennen. Einer, der nicht besonders auffällt, einer, der nicht besonders glänzt, aber einer, der allein durch seinen Fleiß Karriere machen wird, das kann ich Ihnen versprechen, denn dafür sorge ich. An ihm sollten Sie sich ein Beispiel nehmen. Begrüßen Sie mit mir Ihren Kollegen Helmut Knoll.«

Während Knoll sich die Brille zurecht rückt, sein Sakko schließt, um den Bauchansatz zu verbergen, und dann zur Bühne trabt, empfängt ihn wohlwollendes Klopfen. Dann steht er da oben auf dem Podium, die knubbeligen Hände brav gefaltet, stolz, aber auch ein wenig devot. Mit seinen Hängebacken und seinen extra dicken Brillengläsern wirkt er immer ein bisschen beleidigt.

»Dann erzählen Sie doch mal«, beginnt Bösser, wie häufig mit dem Effekt und durchaus auch der Absicht, den Kandidaten zu verunsichern. »Ja was meinen Sie denn jetzt?«, dreht sich Knoll hilfesuchend zu Bösser hin. Der hat sich flegelhaft über einen Tisch am Rand der Bühne gefläzt, trägt sein Mir-kann-keiner-was-Grinsen zur Schau, nickt verständnisvoll und meint: »Erzählen Sie doch erst einmal über sich, wie Sie hierher gekommen sind, wie lange Sie schon hier sind und wie es Ihnen bei uns gefällt. Erzählen Sie ruhig auch davon, was Sie vorher gemacht haben und wie Ihre Pläne jetzt aussehen. Denn wir haben wieder viele neue hier, die Sie gerne kennen lernen wollen.«

Während sein Blick immer wieder hilfesuchend zu Bösser hinüber wandert, beginnt Knoll wie ihm befohlen zu erzählen: »Wie gesagt, ich heiße Helmut Knoll, bin 40 Jahre alt, verheiratet und habe zwei Kinder. Von Beruf bin ich Einzelhandelskaufmann und habe mir schon seit längerem überlegt, mich selbständig zu machen. Vor einem Jahr habe ich zum ersten Mal von ABT & PARTNER gehört, bin dann hierher nach Frankfurt gekommen und habe Herrn Bösser kennengelernt.

Nachdem ich mir das alles so überlegt hatte, habe ich mich vor rund vier Monaten entschieden, hier anzufangen ...« Da er jetzt nicht mehr weiter weiß, wendet er sich wieder an Bösser: »Ist das so richtig, soll ich das so erzählen?«

Der delektiert sich an jeder Unsicherheit von anderen und sporn Knoll moderat an: »Naja, das müssen Sie doch selber wissen, aber nun erzählen Sie mal, wie das alles ablief«, als wäre Knoll schon drei Jahre oder länger im Unternehmen. Knoll, verunsichert, fragt zurück: »Was meinen Sie jetzt?«

»Aber, Herr Knoll«, gibt ihm Bösser den entscheidenden Wink, »erzählen Sie doch mal, wie Sie das geschafft haben. Sonst haben Sie doch noch nie zehn Termine vereinbart.« Das stimmt zwar nicht, aber das ist Bössers Stil, andere zu provozieren und sie kleiner zu machen.

Knoll bleibt auf devote Weise tapfer: »Naja, wie Sie es schon selbst gesagt haben, hat mir das Telefontraining, die Schulung im Taunus sehr viel gebracht.« Und als ob er gerade das Opfer eines Anfalls von Mut würde, wendet Knoll sich nun – in echter Begeisterung – ans Auditorium: »Nachdem ich im Telefontraining war, ich sage es Euch, habe ich plötzlich fast 100 Prozent mehr Termine gemacht.« »Und Ihr

Einkommen verdoppelt, so sagen Sie es doch«, ergänzt Bösser, indem er Knoll ins Wort fällt.

»Und nun sagen Sie uns noch, wo Sie stehen und wie Ihre Pläne aussehen«, leitet Bösser zum Ende der Vorführung über. Selbstverständlich will auch Helmut Knoll möglichst schnell die Karriereleiter hochsteigen und ein eigenes Büro eröffnen.

Für den Fall, dass ein Mitarbeiter bei diesen Gelegenheiten, aus welchen Gründen auch immer, versäumen sollte, seine Erfolge explizit auf die Seminare zurückzuführen, helfen die Büroleiter den jungen Mitarbeitern mit den entsprechenden Fragen auf die Sprünge und befördern die »bitte nur positiven« Antworten schon ans Licht, zum Behufe der Erbauung des gläubigen Auditoriums.

Im Auditorium sitzen all jene Vertreter, die sich wie Brot, Knoll, Schrot, Messer und die anderen täglich abplagen und auf Abschlüsse hoffen. Jeder noch so kleine Erfolg – ein vereinbarter Termin, eine Empfehlung, ein Abschluss – wird pflichtgemäß positiv kommuniziert. Der jeweilige Vorgesetzte hinterträgt den »Erfolg« wiederum seiner Führungskraft, die dann ganz beiläufig während des Aktivtages den Mitarbeiter öffentlich lobt und auf die Bühne bittet. Der muss daraufhin über sich, über seine ersten Eindrücke, ersten Erfolge und Seminare sprechen und vor allem Perspektiven entwickeln. Ganz beiläufig wird dabei immer ein Gelöbnis gegenüber dem Unternehmen und der zuständigen Direktion abgelegt.

»Wir finden die Lücke« –
Eine kleine Auswahl von Aʙᴛ & Pᴀʀᴛɴᴇʀ-Kontaktmodulen

◆ Hätten Sie was dagegen, wenn ich Ihren nächsten Urlaub finanziere?

◆ Mal im Ernst, fänden Sie es nicht gut, wenn wir für Sie die gleichen Renditen erzielen können, wie sie Dr. Oetker erhält?

◆ Was sagen Sie dazu, wenn wir Ihre Ausgaben senken und Ihre Einnahmen erhöhen?

◆ Ich biete Ihnen an, kostenfrei zu überprüfen, ob wir nicht Ihre Zinslast senken können. Wäre das nicht gut, wenn Sie am Ende Ihrer Finanzierung, sagen wir mal zwischen 20 000 und 30 000 Euro weniger gezahlt hätten?

◆ Sind Sie sicher, dass Ihre Rente reicht? Sollen wir das einmal unabhängig überprüfen?

◆ Sie haben doch schon davon gehört, dass die Leistungen der Krankenversicherungen sinken, die Beiträge aber steigen? Wenn ich diese Lücken nun – ohne Mehrkosten für Sie – schließen könnte, wäre das doch ein Gespräch wert, einverstanden?

◆ Sie lieben doch Kinder. Dann wäre es doch gut, wenn Sie ganz sicher sein könnten, dass die optimal abgesichert sind, stimmt's?

◆ Wir wissen, dass die meisten Versicherten zu hohe Prämien zahlen. Sind Sie sicher, dass Sie keinen einzigen überteuerten Vertrag haben?

➤ Dann schlage ich Ihnen vor, wir setzen uns einmal zusammen. Passt es Ihnen besser am Dienstag Abend oder Donnerstag tagsüber?

Neben den Seminaren gibt es schließlich noch die regelmäßig anberaumten Megaveranstaltungen von ABT & PARTNER – die Zahl derer, die sich dafür interessieren, soll in die Tausende gehen; entsprechend reißen sich alle um die spottbilligen Eintrittskarten zu 50 Euro das Stück, die laut Auskunft des Unternehmens hochsubventioniert und in Wirklichkeit mehr als das Dreifache wert sind. Hier soll man lernen, wie man wirklich zum Siegertyp wird, wie man lächelnd über glühende Kohlen läuft und endlich sein Selbst für den Erfolg befreit. Diesen Weg nach vorn, den amerikanische Präsidenten, die Vorstände von Weltfirmen wie Coca-Cola und Microsoft, die globale Wirtschaft insgesamt gehen – er soll durch Rat und Rede des amerikanischen Erfolgsgurus Brian Tracy auch dem kleinen Brot nicht länger verwehrt bleiben.

Und nicht nur ihm. Auch seine Kunden sollen etwas davon haben. Für lächerliche 50 Euro sollen auch sie in den Vorzug kommen, ihr Leben umzukrempeln, sich erfolgreicher und glücklicher zu machen. Brots Kunden jedoch, darunter einige Lehrer, haben die Zeichen der Zeit einmal mehr nicht erkannt, und Brot bleibt auf seinen im voraus bezahlten Karten sitzen.

Brian Tracy, ein gesetzter weißhaariger Herr in tadellosem Outfit, spult eine brave Rede ab, bei der er sich eines Übersetzers bedient. Mehr noch als der Redner selbst bemüht sich dieser um Stimmung. Inhaltlich erfährt Brot nichts Neues, nichts jedenfalls, das er nicht schon in den Schulungen von ABT & PARTNER gehört oder in den einschlägigen Anleitungen zum Erfolg gelesen hätte. In rund 40 Minuten fasst Tracy nach einem ausführlichem Lob seines heutigen Brötchengebers die wesentlichen Gedanken, die es auch auf Kassette am Ausgang zu kaufen gibt, zusammen: »Beginnen Sie wieder zu träumen, setzen Sie sich Ziele und offenbaren Sie Ihr volles Potenzial. Sie können Ihr Leben rascher und radikaler auf Erfolgskurs bringen, als Sie denken. Alles, was Sie dazu benötigen, ist der Wille, sich zu ändern, die Entscheidung zu handeln, die Disziplin, das neue Verhalten auch umzusetzen, und die Entschlossenheit, so lange nicht locker zu lassen, bis sich die gewünschten Resultate einstellen.« Als eher angenehm empfindet Brot, dass Tracy auf die einschlägig bekannten Showeffekte wie das Laufen über glühend heiße Kohlen oder sonstigen Hokuspokus verzichtet.

KEINE BERATUNG OHNE EMPFEHLUNG

Da Brot langsam, aber sicher die Telefonnummern für weitere Kontakte ausgehen, denkt er bereits an Kaltakquise. Das heißt im schlimmsten Fall, aus dem Telefonbuch Nummern zufällig herauszupicken und abzutelefonieren, immer Regel vier im Kopf: *Ausschließliches Ziel des Telefonierens ist der Termin.* Ein etwas selektierteres Vorgehen könnte bedeuten, sich die Rufnummern in bestimmten Rubriken des Anzeigenteils von Zeitungen vorzunehmen und die dort formulierten Anliegen irgendwie ins Gespräch einzustreuen. Der große private Automarkt böte einen Ansatz, überlegt er sich. Alle wollen doch Geld, was würden die davon halten, wenn ich Ihnen 5000 Euro schenkte? Letztlich belässt er es aber beim Markieren einiger Namen.

In seiner Not und nach einem Gespräch mit Beyer lernt Brot jetzt endlich, von den Kunden den eigentlichen Preis für seine Beratungen zu verlangen. Davor hat er sich lange Zeit gefürchtet und deshalb gedrückt. Der »Preis«, das sind neben 25 Euro für die »universitäre« Analyse, wie sie gegenüber den Kunden bezeichnet wird, mindestens zehn Empfehlungen für weitere Datenerhebungen.

Die »universitäre Analyse« ist in Wirklichkeit ein standardisiertes Rechenprogramm, das dem Kunden die Lücken in seinen Vorsorgeaufwendungen aufzeigt. Wenn auch der Entwickler dieses Programms, ein Wirtschaftswissenschaftler, in den Schulungen sehr deutlich auf die besonderen Schwächen der Berechnungen hinweist und die Berater zu vorsichtigem Umgang mit den Ergebnissen ermahnt, werden die Analysen von ABT & PARTNER ausschließlich zur Verkaufsunterstützung verwendet. Die Ergebnisse, wissenschaftlich beglaubigt, werden dafür sogar nicht selten manipuliert, jedenfalls immer gezielt eingesetzt.

Später wird ABT & PARTNER den Preis für diese Analysen auf 85 Euro anheben. Denn, so der Berater vorgeblich, dabei handle es sich lediglich um einen Unkostenbeitrag, den er an die Universität abzuführen habe. Der Betrag wird zwar tatsächlich abgeführt – allerdings an das jeweilige Büro, zur Kostendeckung, wie man sich dort ausdrückt. Wieder einige Zeit später werden die Finanzberater die anfangs kostenlosen Datenerhebungsbögen ebenfalls nur noch gegen Entgelt erhalten.

Der entscheidende Preis jedoch sind die geforderten zehn Empfehlungen. Kommt der Kunde nicht selbst darauf zu sprechen, muss der Berater diesen heiklen Punkt vorab thematisieren, was in der Regel sogar vorteilhafter ist. Wenn der Berater seine Aufgabe, individuelle Analysen zu erstellen und dem Kunden entsprechende Verbesserungen vorzuschlagen, erklärt hat, leitet er über: »Jetzt fragen Sie sich sicher, was das Ganze kostet, stimmt's? Stellen Sie sich vor, meine Arbeit bringt Ihnen, soviel kann ich schon übersehen, rund 5000 Euro mehr ins Portemonnaie. Sind Sie damit einverstanden, dass wir uns im Anschluss an unser Gespräch einmal darüber Gedanken machen, für wen das noch interessant ist?«

»Ja.«

»Fällt Ihnen da, ganz spontan, bereits jemand ein?«

Es ist zwar die Ausnahme, dass der Kunde, ohne auch nur einen Vorteil gesehen, eine einzige Leistung genutzt zu haben, schon in dieser Phase des Kennenlernens beginnt, Empfehlungen zu geben. Dennoch kommt es vor.

Zumindest setzt der Berater mit diesem Schlenker das Thema auf die Tagesordnung und sein Gegenüber wird nun ständig an diesen Faktor denken.

In der Regel fällt jedem irgendjemand ein. Hier lernt Brot nachzuhaken:

»Ich nehme einmal an, dass Sie jetzt an Ihren Freund, Ihre Arbeitskollegen, Ihre Eltern, Ihre Geschwister denken, stimmt's?«

Meier: »Ja, aber ich will zunächst einmal mit denen reden.«

Brot: »Prima, das kann ich gut verstehen. Lassen Sie uns bezüglich des Preises folgendes Vorgehen vereinbaren: Heute notieren wir die Vornamen all derer, die Ihnen jetzt einfallen, und am Ende unserer Beratung ergänzen wir dann die Nachnamen und Telefonnummern, einverstanden?«

Ohne die Stimmung zu verderben, ist jetzt kaum ein Kunde imstande, sich zu verweigern, und er beginnt, mindestens einen Namen zu nennen. Auch wenn das Procedere manchmal ein wenig peinlich ist und Brot die heftigen inneren Widerstände spürt, die mit der Nennung von Namen verbunden sind, lernt er, an diesem Punkt hartnäckig zu bleiben. Zu oft ist aus aufwändigen, zeitintensiven Beratungen schon kein Geschäft hervorgegangen. Deshalb lautet sein Prinzip nun: keine Beratung ohne Empfehlung.

LEBEN SIE DENN VÖLLIG ISOLIERT?

Ist erst einmal ein Name gefallen, bleibt Brot dran. Gegebenenfalls ringt er seinem Kunden per Handschlag das Versprechen ab, dass dieser sich bis zum nächsten Mal zehn Namen notiert. Wörtlich fordert Brot: »Dann will ich aber auch nur Menschen kennen lernen, für die eine Beratung wirklich sinnvoll ist, einverstanden?!«

Darauf gehen die meisten ein. Sollten an dieser Stelle immer noch ernsthafte Widerstände spürbar werden, hat sich folgendes Vorgehen bewährt: »Lieber Kunde, sagen Sie doch einmal im Ernst, kennen Sie niemanden, dem Sie etwas gönnen? Sind Sie sich sicher, dass alle Ihre Verwandten genug für ihre Altersvorsorge getan haben?« Wichtig ist, dass an diesem Punkt die vertrauensvolle Atmosphäre zwischen Kunde und Berater keinen Knacks bekommt. Inzwischen hat Brot aber gelernt, genauso treuherzig wie Beyer in die Kundenseele zu blicken.

Um der Gefahr zu entgehen, nicht genügend Ansprechpartner zu haben, wird Brot noch einige Tricks lernen, ein schlechtes Gewissen oder auch Gier zu wecken. Denn Empfehlungen sind die Geschäfte von morgen. Sie sind fast wichtiger als die Beratung von heute.

Gleichzeitig wird Brot lernen, dass der Einzelne völlig

unwichtig ist. Dass es immer nur um die Quote geht. Er wird lernen, dass ein einzelnes »Nein« völlig belanglos ist, dass es auch hierbei immer nur um die Quote geht. Wichtig ist nur, dass das Rad sich dreht, dass immer genügend Futter im Trog ist. Letztlich, so leuchtet Brot angesichts seiner katastrophalen Situation ein, sind die Kunden von morgen seine eigentliche Hoffnung, will er aus seiner finanziellen Misere herauskommen.

Bei sehr resistenten Kunden wird Brot später auch vor härteren Gangarten nicht länger zurückschrecken. Mal eher scherzhaft, aber immer nachdrücklich stellt er noch diese Fragen: »Sagen Sie mal, leben Sie denn völlig isoliert, mag Sie kein Mensch, haben Sie keine Nachbarn, wollen Sie dafür verantwortlich sein, dass Ihr Bruder möglicherweise im Alter am Hungertuch nagt, sind Ihnen die Kinder Ihrer Freunde echt schnuppe? Na also! Wie heißen die denn?«

Aber noch steht er am Beginn seiner Karriere, und da gilt es zunächst einmal das umzusetzen, was alle anderen offenbar schon können: pro Kunde 100 Einheiten zu erzielen. Das, was anderen so spielend leicht gelingt, ist für Brot eine herkulische Herausforderung; erst eine Lebensversicherung mit einer Beitragssumme von 50 000 Euro bringt 100 Einheiten.

100 Einheiten bedeuten in der Brot'schen Übersetzung: Er muss fünf Kunden finden, die davon überzeugt sind, dass es gut ist, 83 Jahre lang monatlich 50 Euro oder 42 Jahre lang monatlich 100 Euro anzulegen. Da aber die Mehrzahl von Brots Kunden genau wie er selbst schon über 40 Jahre alt ist, lautet die Aufgabe eigentlich, fünf Leute zu finden, die 20 Jahre lang rund 220 Euro monatlich investieren.

Die Brot'sche Wirklichkeit allerdings sieht so aus, dass ihm die Menschen höchstens 50 bis 100 Euro monatlich anvertrauen. Das bedeutet, er braucht in vier Wochen mindestens 10 bis 20 Kunden, die bei ihm unterschreiben. Tatsache ist auch, dass er bisher nur Dinge verkauft, von denen er selbst überzeugt ist. Lebensversicherungen gehören noch nicht dazu, Geldanlagen ohne Versicherungsleistungen schon. Wahr ist, dass er rund 30 Leute kennt, mit denen er ins Geschäft kommen könnte. Ein irres Ziel. Allein, in diesem Moment vermeidet Brot es geflissentlich, über die Hoffnungslosigkeit seiner Bemühungen nachzudenken, und er telefoniert, wirbt und rackert.

Ausbildung als neue Hoffnung

Zum Neujahrsempfang von ABT & PARTNER sind alle Mitarbeiter sowie deren gute Kunden und Freunde eingeladen. Rund 3000 haupt- und nebenberufliche Mitarbeiter und ihre Angehörigen aus der Region strömen in die Frankfurter Messehalle. Angekündigt war die Führungsspitze des Unternehmens sowie der für die wissenschaftliche Qualität der Beratung verantwortliche Kopf, ein Professor Holz aus Norddeutschland. Daneben Redner aus Wirtschaft und Politik, einer von ihnen vordem Bundesminister, jetzt Mitglied des Aufsichtsrats von ABT & PARTNER.

An der Schwelle zum neuen Jahrtausend wird im Vorfeld der Veranstaltung gehörig getrommelt. Tolp, Bösser und Beyer betonen bereits Wochen vorher den revolutionären Charakter dieses Neujahrsempfangs. Unglaubliches darf erwartet werden.

Nach den ersten Reden, den üblichen Selbstbespiegelungen im Glanze des wachsenden Erfolgs der Firma, ergreift der Vertriebschef das Wort: »Stellen Sie sich einmal vor, Sie würden die Chance erhalten, vom besten europäischen Finanzdienstleister universitär, exklusiv und kostenfrei ausgebildet zu werden und während dieser 30 000 Euro teuren Ausbildung auch noch ein Gehalt zu beziehen, das Ihren Vorstellungen entspricht? Sie brauchen es sich nicht mehr nur vorzustellen, es ist ab sofort Wirklichkeit geworden, und ich lade Sie alle ein, mit uns in das neue Jahrtausend aufzubrechen. Nutzen Sie die Ausbildungsoffensive von ABT & PARTNER.«

Rund 3000 Ohrenzeugen hören die Ankündigung einer an universitären Maßstäben orientierten kostenfreien Ausbildung. Es ist ein Versprechen, das laut Vertriebschef Esser nur für die Besten ab sofort gelten soll: »Wir sind Elite und bilden Elite aus. Das ist uns viel wert. Wir wissen doch, dass es viele Menschen aus unterschiedlichen Berufen gibt, die das Zeug zum Berater haben, aber den Sprung in die Selbstständigkeit nicht auf einmal schaffen können. Die haben Familie oder stecken in Finanzierungen. Vor Ihnen allen verspreche ich, dass wir denjenigen nicht nur das gleiche Gehalt zahlen, das sie bisher erhalten, sondern wir legen noch einmal 250 Euro drauf. Das Gleiche gilt natürlich auch für den Studenten. Für den, der frisch von der Uni kommt und noch in der Studentenbude wohnt, sind das vielleicht 1500 Euro. Aber bei dem, der schon ein paar Jahre im Beruf steht, sind das zwei-, zweieinhalb- oder sogar dreieinhalbtausend Euro. Denn«, wiederholt der Vertriebschef noch einmal, »wir sind nicht nur die Besten, sondern wir wollen auch nur die Besten. Sie und wir sind uns das wert.«

Nach einem kurzen Moment der Stille bricht in der Festhalle donnernder Applaus aus. Die Besucher freuen sich wirklich. Diese Ankündigung hat Sprengkraft. Plötzlich sehen Brot und Hunderte andere Neulinge wieder Lichtstreifen am Horizont. Brot nimmt sich vor, die gebotene Chance schnellstmöglich zu ergreifen. Das will und kann er schaffen. Das »Konzept-für-Profis«, wie es anschließend von Professor Holz inhaltlich begründet wird, begeistert; scheint es doch die Möglichkeit zu eröffnen, dass der Finanzberater endlich das Schmuddelimage der Branche abstreift, indem er eine Ausbildung und einen Abschluss macht, die derjenigen zum Betriebs- und Fachwirt der IHK in nichts nachsteht, ja sie sogar noch hinter sich lässt. Das gibt Hoffnung.

Zu seinem Erstaunen ist Beyer ganz offen für Brots Anliegen. In Frankfurt ist man vorbereitet. Nach einem offenbar gelungenen Pilotprojekt im Osten der Republik soll Frankfurt in Sachen Ausbildung zum Meilenstein innerhalb der ABT & PARTNER-Strategie werden.

»Natürlich«, so Beyer, »sind Sie dabei. Die Aufnahmekriterien schaffen Sie doch mit links.«

Von Aufnahmekriterien hatte der Vertriebschef nichts gesagt. »Die Grundseminare haben Sie ja schon alle absolviert. Jetzt müssen Sie noch einmal innerhalb der nächsten vier Wochen 500 Einheiten schreiben. Dann sind Sie dabei. Und machen Sie sich keine Gedanken, wenn's eng wird, helfe ich Ihnen.«

In den letzten beiden Monaten hat Brot es gerade mal auf rund 300 Einheiten gebracht. Wieder so ein Hammer, denkt er Aber, sagt er sich die Hände in den Hosentaschen zur Faust geballt, ich werde es schaffen.

Mit Dauereinsatz und entsprechendem Stress bringt er es bis zum vereinbarten Termin auf noch einmal 523 Einheiten. Er hat es geschafft, ohne Beyer, jedoch mit der Hilfe seiner Freundin Miriam. Sie sitzt mit 220 Einheiten mit im Boot und hat Brot einigen ihrer Bekannten empfohlen, die für zusätzliche Einheiten sorgten.

Judith Messer hat ihre Einheiten ausnahmslos über ihren großzügigen Freund eingestrichen. So machen es die meisten. Verwandte und Bekannte werden abgegrast, anfangs freundlich und höflich, wenn das aber auf Dauer nicht einträglich genug ist, wird der Druck erhöht und zuweilen auch schon mal zum Mittel der psychischen Erpressung gegriffen.

Dazu fordert Bösser seine Truppe geradezu auf: »An Ihrer Stelle würde ich mir genau überlegen, zu wem ich in Zukunft freundschaftliche Beziehungen pflege. Was sind Ihre Beziehungen wert, wenn Ihnen die eigene Verwandtschaft nicht traut. Auf solche Leute würde ich pfeifen.«

Kurz darauf geht die Beziehung des Installateurs Radenkovic zu seinem Bruder in die Brüche. Derber als die anderen bringt er auf den Punkt, was viele Anfänger erleben: »Der Arsch will nichts mehr von mir wissen, ich glaub, der hat sie nicht mehr alle.«

SCHMEICHELEIEN, ABER KEIN GELD

Seitdem bekannt ist, dass Brot und einige andere im Konzept-für-Profis ausgebildet werden sollen, begegnet man ihnen im Frankfurter Büro erstaunlich respektvoll. Kollegen kommen, um Brot zur Aufnahme ins erste Hauptberuflerkonzept der Firmengeschichte zu gratulieren. Ältere Berater verbergen nur mühevoll ihren Neid, nicht zur erlesenen Schar zu gehören. Zu diesem Zeitpunkt ahnt auch noch keiner, was hinter den vollmundigen Ankündigen steckt.

Bei ABT & PARTNER bemüht man sich, Brot und seine 24 Kollegen aus der Region glauben zu machen, etwas Besonderes zu sein. 25 Menschen, die es geschafft haben, sich aus dem Heer der ABT & PARTNER-Berater zu erheben, und nun die Chance haben, zu wahren Höhenflügen anzusetzen. Die Direktoren und Büroleiter lassen keine Gelegenheit aus, Brot zu schmeicheln, ihn aber auch auf seine besondere Verantwortung hinzuweisen: »Sie gehören jetzt zur Elite«, hört er neuerdings immer wieder, aber auch: »Sie wissen doch, dass uns die Ausbildung pro Nase 30 000 kostet?!«

Das reibt ihm auch Beyer immer wieder unter die Nase – Brot werde die einzigartige Chance erhalten, an der ersten wissenschaftlich begründeten und einer universitären gleichgestellten Ausbildung zum Finanzberater teilzunehmen. »Dass Sie das schaffen, dafür muss ich bürgen, dafür stehe ich mit 30 000 Euro gerade«, lügt er ihm ins Gesicht.

Nebenbei versichert er Brot, sich »ohne Unterlass« darum zu bemühen, dass ihm aus der Zentrale wenigstens einmal ein Vorschuss überwiesen wird. »Wissen Sie, bei Ihren Abschlüssen, dürfen wir, das kann ich verantworten, sogar 1000 Euro beantragen.« Brot versteht diese Welt nicht. Nach seiner Berechnung hat er doch schon mindestens 2500 Euro verdient und erwartet alles andere als einen Vorschuss, sondern schlicht Bezahlung. Doch die wird noch lange auf sich warten lassen.

PROVISIONEN – MIT SIEBEN SIEGELN

Während Firmen, die Direktvertreter unterhalten, an ihre Repräsentanten, Agenten und Agenturen zwischen zwei und vier Prozent der Versicherungsbeiträge der eingereichten Anträge auszahlen, sieht die ABT & PARTNER-Welt anders aus.

Bei herkömmlichen Versicherern reicht der Repräsentant seinen Antrag ein, der Kunde bekommt seine Police und der Vertreter seine Provision.

Die Wege bei ABT & PARTNER sind ungleich komplizierter und weisen neben Fehlerquellen eine erhebliche zeitliche Verzögerung bei der Bearbeitung und der Verprovisionierung aus. Die wichtigsten Stationen eines Antrages sind: Brot, Beyer, Frankfurter Sekretariat, zentrales ABT & PART-

NER-Sekretariat, ABT & PARTNER-Prüfung und Statistik, Partnergesellschaft, Zentrale ABT & PARTNER, Sekretariat Frankfurt, Beyer, Brot.

Wenn alles gut geht, erhält der Berater von ABT & PARTNER nach vier Monaten in der Regel 60 Prozent seiner ermittelten Provisionen aus Versicherungsverträgen. Ein erklecklicher Anteil der Provision wird als Storno- und Steuerreserve zurückbehalten und erst nach Jahren, natürlich unverzinst, fällig. Für zusätzliche Verzögerung und Dauerärger bei der Berechnung und Auszahlung von Provisionen sorgt systemimmanent das Karrieresystem des Unternehmens, da jeder an jedem verdient.

Abgesehen davon, dass das Unternehmen erst dann zahlt, wenn die Partnergesellschaft die gesamte Provision eines Vertrages überwiesen hat, wird diese dann über alle Stufen verteilt.

Während Brot bis 500 eingereichte Einheiten 3 Euro pro Einheit verdient, erhält Beyer, als direkte Führungskraft, 6 Euro pro Einheit, abzüglich dessen, was an Brot geht, also ebenfalls 3 Euro. Beyers direkter Vorgesetzter, Bösser, der sich auf der Sieben-Euro-Stufe befindet, verdient auch noch einen Euro pro Einheit an Brots Umsätzen.

Tolp, Direktor des Frankfurter Büros auf der Acht-Euro-Stufe, freut sich über Brots Erfolge genauso und streicht pro Einheit auch einen Euro ein. Indessen kassiert am Ende der Karriereleiter – die »jedem offensteht, wenn er nur will« – auch noch der Generaldirektor auf der 8,50-Euro-Stufe 50 Cent pro Einheit aus Brots Bemühungen.

Während die Einkünfte an der Basis mickrig und halbwegs transparent sind, sind die Geldflüsse an der Unternehmensspitze geradezu märchenhaft. Allerdings verschwinden die Einkommensstrukturen und die genauen

Summen dort im Nebel. Allgemein bekannt ist, dass an der Spitze des Unternehmens ein Multimillionär das Sagen hat. Auch in dessen engstem Umfeld, in dem Menschen mit Privatflugzeugen und weltweitem Immobilienbesitz die Firma repräsentieren, wird nicht wirklich schlecht an den Anstrengungen von Brot und seinen vielen tausend anderen Kollegen verdient.

Dass das Finanzdienstleistungsunternehmen an der Zurückhaltung der von beteiligten Unternehmen überwiesenen Provisionen zusätzlich verdient, nimmt Brot an und rechnet mit Zinsgewinnen, die im siebenstelligen Bereich liegen.

Bis sich ein regelmäßiger Geldfluss aus vermittelten Geschäften ergibt, muss Brot noch einige andere Hürden nehmen. Denn der ABT & PARTNER-Vertreter hat einen ungleich höheren Lern- und Arbeitsaufwand als die Kollegen der Branche. Der Hoffentlich-Versichert-Vertreter, der an hauseigenen Produkten geschult wird, wird relativ schnell in der Lage sein, Vertragsformulare richtig auszufüllen, und auch lernen, viele wichtige Kleinigkeiten zu beachten.

Dagegen wird Brot, von einigen wenigen Ausnahmen abgesehen, nie umfassend an den einzelnen Produkten geschult werden. Als Generalist erhält er nur einen Überblick über eine Vielzahl von Produktpaletten, z. B. Sachversicherungen, Krankenversicherungen, Lebensversicherungen, Geldanlagen.

Zu den Ausnahmen zählt die Geldanlageschulung für eine Schweizer Fondsverwaltung – einem Unternehmen mit nur kleinem Vertrieb, das in wirtschaftliche Abhängigkeit vom Allfinanzdienstleister ABT & PARTNER geraten ist. In so einem Fall tut der »unabhängige« Makler alles, um den Kleinen zu retten. So schult und vermittelt ABT & PARTNER das Thema Vermögensverwaltung ausschließlich über dieses Unternehmen. Probates Lockmittel ist eine höhere Provision als bei vergleichbaren Produkten.

Für einen Branchenneuling wie Brot ist es unmöglich, sich kurz- und mittelfristig auch nur auf einer Produktebene, etwa der von Lebensversicherungen, detailliert kundig zu machen und die Angebotsvarianten einzelner Unternehmen zu kennen, geschweige denn zu vergleichen. Daher ist es – obwohl er innerlich rebelliert – nur konsequent, dass er zu einem Partner, besser gleich zu einem Produkt greift, das sich bei einem Kollegen oder seiner Führungskraft bewährt hat.

»Nehmen Sie für die Lebensversicherung die Pfefferminzia, für die Sachversicherung Coronia, für die Krankenversicherung die Deutsche Allheilende«, sind die Ratschläge, die ihm Beyer mitgibt. »Da müssen Sie mir schon vertrauen.« Brot bleibt auch nichts anderes übrig.

Völlig außer Acht gelassen wird dabei, dass es gelegentlich sinnvoll ist, auch Produktvarianten zu unterscheiden. So können die grundsätzlich günstigen Versicherungsangebote einer bestimmten Gesellschaft für eine bestimmte Personengruppe, zum Beispiel Nichtraucher, für Raucher wieder sehr viel unvorteilhafter sein. Für den Raucher böte sich dann wieder eine andere Gesellschaft an. Zähneknirschend muss Brot mit seinem Halbwissen leben.

Als Büroleiter hat Beyer keine Zeit, sich um derlei überflüssige Details wie Produktvarianten und Unterschiede der Gesellschaften zu kümmern: »Ja, wenn Sie das unbedingt überprüfen wollen, wer hält Sie denn davon ab. Machen Sie doch. Aber denken Sie daran, mein lieber Brot, Sie müssen auch einmal an sich denken. Der Markt wird Ihnen die Mühe nicht lohnen.«

Beyer will nur eines von Brot: unterschriebene Verträge,

egal wer da was wie unterschrieben hat. Er nimmt sich auch keine Zeit, die von Brot eingereichten Anträge zu überprüfen. Zum Stichtag sammelt er nur ein. Brot ist halt nicht der Einzige, der seine Formulare abgibt. In Beyers »Organisation« gehen immerhin zehn Mitarbeiter anschaffen.

Daher sind viele von Brots Anträgen zu Beginn unvollständig oder gar falsch ausgefüllt. Bei dem einen fehlt ein wichtiges Kreuz an einer bestimmten Stelle, bei einem anderen ist eine Frage nicht oder unklar beantwortet, bei einem dritten muss ein Beleg ergänzt werden, bei dem letzten fehlen gar Unterschriften.

Oft erst nach Wochen, während derer Brot sehnsüchtig auf die Provision für den einen oder anderen Vertrag wartet, liegen die Anträge zur Nachbearbeitung wieder in seinem Fach. Da die Kopie beim Kunden ist, muss er sich also neu verabreden, um das Fehlende nachzutragen. Dabei kommt es nicht selten vor, dass sich ein Kunde, auf Rat seines Freundes, wieder anders entschieden hat und der ganze Vertrag nicht zustande kommt.

Lässt sich der Mangel beheben, geht die Prozedur von vorne los, durch alle Instanzen: Brot, Beyer, Frankfurter Sekretariat, zentrales ABT & PARTNER-Sekretariat, ABT & PARTNER-Prüfung und Statistik, Partnergesellschaft, Zentrale ABT & PARTNER, Sekretariat Frankfurt, Beyer, Brot.

Beyer erkennt, dass Brot gewisse Schwierigkeiten hat, Vertragsformulare ordnungsgemäß auszufüllen. Anstatt aber in die Tiefe zu gehen und Brot bei der Abstellung solcher Unsicherheiten zu helfen, ermahnt er ihn zu sorgfältigerer Antragsbearbeitung. Wie viele zur Nachbearbeitung zurückgegangene Anträge, die zunächst auf Beyers Schreibtisch landen, von diesem selbst nachgebessert wurden, bleibt Brot verborgen.

Brot verschweigt sein Entsetzen, als er auf einer nachbearbeiteten Kopie eines Antrages für einen Bausparvertrag erkennt, dass die Bausparsumme von zehn- auf zwanzigtausend erhöht wurde. Er weiß, dass sein Kunde die Veränderung nicht veranlasst hat. Zum Glück kommt dieser Vertrag nie zustande. Aber sein Misstrauen wächst mehr und mehr.

Während das gesamte ABT & PARTNER-Umfeld von Beyer immer als einer ganz besonders erfolgreichen Person spricht, man Brot sogar beglückwünscht, gerade unter dessen Anleitung lernen zu dürfen, warnt ihn seine Freundin Miriam, nachdem sie Beyer kennen gelernt hat: »Ich sage dir, mir ist ganz schlecht geworden, als ich den gesehen habe. Nur wegen dir habe ich den ausgehalten. Ansonsten hätte ich den nicht einmal in die Wohnung gelassen. Der ist nur schmierig.«

WAS MACHT ABT & PARTNER EIGENTLICH UND WORIN UNTERSCHEIDET SICH DAS UNTERNEHMEN VON KONKURRENTEN?

Ein erklecklicher Anteil des Neugeschäfts von Lebens- und Krankenversicherern wird ihnen von Allfinanzvertrieben zugeliefert. Das hat bei vielen Versicherern dazu geführt, dass es ohne Allfinanzvertrieb für sie kein Wachstum gäbe. Häufig sind sie sogar in erheblichem Ausmaß über Gesellschafteranteile oder Aktienbesitz an dem Finanzdienstleister beteiligt und nehmen Einfluss auf dessen Geschäftsstrategie.

Laut Handelsvertretervertrag zwischen ABT & PARTNER und seinen freien Handelsvertretern ist die Vermittlung von

Versicherungen Dreh- und Angelpunkt des ABT & PARTNER-Geschäftes. Alles andere ist zweitrangig und findet sich entsprechend nachgeordnet im Mitarbeitervertrag wieder. Den wiederum scheinen aber nur wenige zu lesen. Über sorgfältige Analyse, unabhängige Beratung und Kundenbetreuung verlautet dort kein Wort.

Im Tagesgeschäft unternehmen ABT & PARTNER und seine Mitarbeiter jedoch alles, um den Anschein zu erwecken, *keine* Versicherungsvertreter zu sein. Und auch die mit ABT & PARTNER konkurrierenden Finanzvertriebe hüten sich, deren eigentlichen Status nach außen zu kommunizieren.

Im Grunde aber unterscheiden sich ABT & PARTNER-Mitarbeiter in nichts von Versicherungsvertretern, wie sie etwa für die von Finanzberatern als Humbug-Mülleimer verballhornte Konkurrenz tätig sind. Sie arbeiten lediglich zusätzlich auch auf der Ebene der Anlageberatung. Allerdings holen die Versicherungen in diesem Bereich erheblich auf und bieten mittlerweile diverse Geldanlageprodukte auch außerhalb von Lebens- und Rentenversicherungen an.

Zu den Vermittlungsleistungen außerhalb von Versicherungen, die dem Umfang nach sehr bedeutend und innerhalb von ABT & PARTNER weit verbreitet sind, gehören unter anderem die Vermittlung von Bausparverträgen, fondsgebundenen Geldanlagen, Medienfonds, geschlossenen und offenen Immobilienfonds sowie – unter Einschaltung von Partnerunternehmen – die Vermittlung von Immobilien und Finanzierungen.

Der überwiegende Teil der Handelsvertreter verfügt nicht über die gesetzlich vorgeschriebenen Genehmigungen zum Vertrieb von Versicherungen, geschweige aller Arten von Fonds. Mit Wissen der Büroleiter und der Geschäftsführung bewegen sich die meisten Handelsvertreter von

ABT & PARTNER in einer gesetzlichen Grauzone, und nicht wenige, die Immobilienfonds vertreiben, machen sich im Grunde strafbar.

LEBENSVERSICHERUNGEN PASSEN IMMER

Besonders in der firmeninternen Gewichtung steht der Verkauf von Lebensversicherungen an erster Stelle. Der beste Berater ist der, der die meisten Lebensversicherungen verkauft. Der verdient auch am meisten und bringt es in der Firmenhierarchie nicht selten sogar zum Vorstandsmitglied.

Die speziell dafür entwickelte Lebensabschnittsberatung taugt gleich für mindestens vier Lebensversicherungen pro Kunde.

Die erste wird über die Eltern verkauft. Die sehen schnell ein, dass sie mit einer Lebensversicherung für ihr Kind die beste Vorsorge treffen, um die später einmal wer weiß wie teuren Ausbildungskosten bezahlen zu können.

Die zweite Lebensversicherung schließt der Berufsstarter im besten Fall schon während seiner Ausbildung ab, gerne mit einer zehnprozentigen Beitragsdynamik. Bei der oft verkauften Kombination Risikoanteil, Sparen und Berufsunfähigkeitsabsicherung ergibt sich durch die Dynamik häufig eine unnötig hohe, über dem Einkommen liegende Absicherung, die später die tatsächlichen Risiken und den notwendigen Bedarf weit übersteigt. Der Berufsstarter versteht schnell, dass er ohne eine kombinierte Berufsunfähigkeits- und Lebensversicherung nicht weit kommen wird. Sie sichert die ersten Ziele, etwa eine Existenzgründung oder den Erwerb einer Immobilie, und nennt sich dementsprechend auch Existenzgründer- oder wahlweise Immobiliensparplan.

Die dritte Lebensversicherung wird dem 40- bis 50-Jährigen als optimale Geldanlage empfohlen, um die Erträge seiner Mühen in eine private steuerfreie Rente zu überführen.

Die vierte, fünfte und sechste Lebensversicherung als Sparplan und Einmalanlage erhält der Vorruheständler. Denn der etwa 60-Jährige kann nur so wirklich ideal sein Vermögen vor dem Fiskus schützen und in den steuerfreien Raum überführen. »Natürlich nur dann«, so der Berater, »wenn Sie da noch reinkommen, da tut Eile Not.«

ANGEBOTSÜBERFLUTUNG

Die unüberschaubar gewordene Zahl von Banken, Bausparkassen, Versicherungsgesellschaften, Investmenthäusern und die ungeheure Vielfalt ihrer Angebote überfordert mittlerweile die meisten Verbraucher. Selbst Spezialisten unter den Finanzdienstleistern strecken die Waffen vor einem objektiven Vergleich aller Produkte. Inklusive des Wertpapierhandels und aller Tarife summiert sich deren Gesamtzahl weit im sechsstelligen Bereich.

Über einen begrenzten Zeitraum selektierte Anbieter und Produkte in einer Art Momentaufnahme miteinander zu vergleichen, fällt da schon leichter. Wenn aber Verbrauchermagazine auf Grund »eigener« Tests auch den Anschein einer neutralen Untersuchung wecken, die Aussagefähigkeit ihrer Rankings und folglich der Wert der ausgesprochenen Empfehlungen bleiben schon auf Grund dieser zeitlichen Begrenzung fragwürdig. Geradezu anachronistisch mutet der Umstand an, dass bei den meisten Untersuchungen internationale Anbieter nicht in den Vergleich einbezogen werden. (Im Hinblick auf die Ablaufleistungen von Lebensversicherungen schneiden etwa einige britische Anbieter deutlich besser ab als alle deutschen.)

Gerade wenn es um langfristig bedeutsame Entscheidungen etwa für Lebens- und private Krankenversicherungen sowie Geldanlagen geht, bewegen sich die Untersuchungen häufig auf dünnem Eis. Denn immer wieder kommt es vor, dass Unternehmen, deren Produkte heute auf der Top-Ten-Liste empfehlenswerter Lebensversicherungen zu finden sind, zwei, drei oder vier Jahre später nur unter ferner liefen rangieren, mithin zu den Flops gehören können.

Besonders befremdlich aber ist, dass in die Bewertungen der Tester unter anderem die Angaben des Versicherers zur prognostizierten Rendite einfließen. Mit einer von ihnen selbst aufgestellten Prognose können sich Versicherer demnach selbst an die Spitze der Ranglisten katapultieren. Wen wundert's da noch, dass solche Renditeversprechen des öfteren nicht eingehalten werden. Derzeit korrigieren fast alle Anbieter ihre Prognosen nach unten.

Erschwerend kommt hinzu, dass viele Versicherungen alles daran setzen, eine objektive Betrachtung ihrer Zahlen und Ergebnisse wenn nicht zu verhindern, so doch zumindest zu erschweren. Einige Unternehmen weigern sich schlicht, irgendwelches Datenmaterial zur Verfügung zu stellen. Mit der Behauptung, seine Produkte nur einer exklusiven, elitären Klientel anzubieten, entzieht sich ein Tochterunternehmen von ABT & PARTNER seit Jahren in allen seinen Unternehmensbereichen und Produkten einem qualitativen und preislichen Vergleich. In Wirklichkeit jedoch verfügt das Unternehmen nicht über ein einziges Produkt und Instrument, das mit den Angeboten des Marktes nicht objektiv vergleichbar ist und das es nicht irgendwo anders günstiger gibt.

Vor diesem Hintergrund ist es schier unmöglich, wirklich fundierte und nachhaltige Empfehlungen zu Anbietern und Produkten zu geben. Nicht selten gibt es bestimmte Produkte nur über einen gewissen Zeitraum, so dass jede Möglichkeit zum Vergleich von vornherein ausgeschlossen ist.

DIE KONKURRENZ SCHLÄFT NICHT

Inzwischen halten fast alle Unternehmen der Finanzbranche für jeden Privatkunden und dessen Bedürfnisse entsprechende Angebote bereit. Ob es sich dabei um die Kreditkarte für den kurzfristigen Geldbedarf oder ein Depot handelt, Fonds, Aktien- und Rentenpapiere, Optionsscheine, Versicherungen aller Art, Produkte von Bausparkassen – in der Regel bieten praktisch alle alles an. Die Produkte selbst, beispielsweise von Banken angebotene Versicherungen zur Eigenheimfinanzierung, kommen hingegen eher selten aus dem eigenen Haus. Die Bandbreite der Versicherungsleistungen ergibt sich aus der engen Kooperation, wenn nicht Verflechtung mit einer Versicherungsgesellschaft und einem Investmenthaus. So resultieren die Versicherungsangebote der Deutschen Bank aus der bislang engen Verflechtung mit der Versicherungsgesellschaft Deutscher Herold, die der Commerzbank aus der engen Verbindung zu Generali. Beispiele dafür gibt es in allen Finanzinstituten.

Die Aufsehen erregenden Fusionen, die in der Regel Übernahmen sind, belegen die Tendenz zur Allfinanz. Die Vereinigungen von Allianz und Dresdner Bank, Ergo und

Hypobank markieren – besonders vor dem Hintergrund internationaler, respektive globaler Zielsetzungen – erst den Beginn weiterer Zusammenschlüsse oder Übernahmen.

Während große, vermeintlich unabhängige Finanzvertriebe neuerdings in den Räumen von Banken und Sparkassen ihre Zelte aufgeschlagen haben und Kunden vom Bankschalter zum Beratertisch weitergereicht werden, gründete der Finanzvertrieb MLP gleich eine eigene Bank. So ist man weniger auf die Kooperation mit anderen Geldinstituten angewiesen, und die eigenen Angebote, wenn auch selten die günstigsten, lassen sich besser darstellen.

Dass es zwischen Versicherungen und Banken selten zu gleichberechtigten Partnerschaften kommt, hat damit zu tun, dass die Versicherungsgesellschaften, als die größeren Partner, eher die Hand auf den Banken haben. Die Fusion zwischen der Allianz und der Dresdner Bank beleuchtet das.

Absichten und Nutzen für die Versicherungsgesellschaften sind einfach zu erklären. Auf dem ungeheuer angespannten Markt, auf dem Expansion nur durch Verdrängung möglich ist, wollen sie von den Banken neben den Filialnetzen auch deren Seriosität, den guten Ruf der Bankangestellten kaufen. Laufen doch Millionen von Kontoinhabern und Anlegern nach wie vor als Stammkunden zu ihrer Bank. »Frau Müller, die kenne ich schon lange, der kann ich vertrauen, die wird mich doch nicht über den Tisch ziehen.« Gerade die.

Allein, Frau Müller soll Gerechtigkeit widerfahren. Denn an Arbeitsanweisungen gebunden kann sie nicht anders und ist in der Regel auf die hauseigenen Produkte nicht nur festgelegt, sondern zusätzlich gezwungen, jeden Monat eine bestimmte Anzahl dieser Produkte, ganz gleich ob es

sich dabei um Geldanlagen, Versicherungen oder Bausparverträge handelt, an die Frau oder den Mann zu bringen.
Die Zeiten, in denen Bankangestellte ohne Umsatzvorgaben
gearbeitet haben, sind lange vorbei. Als Tagestipp werden
nicht selten die schlechtesten Produkte aus dem Bereich der
Fonds verkauft.

Frau Müller darf Ihnen nicht sagen, dass es eine Straße
weiter passendere, günstigere oder renditeträchtigere Angebote gibt. Sie muss den Sparvertrag mit ein bis vier
Prozent Verzinsung oder die Lebensversicherung aus dem
eigenen Haus, die die versprochenen Renditen noch nie
erzielt hat, vertrauensvoll lächelnd verkaufen. Sie ist ja auch
»nur« angestellt. Eine wie Sie.

Vom Nutzen und Nachteil der grösseren Auswahl

Diesen Wettbewerbsvorteil, der zur Zeit noch in der begrenzten und einseitigen Auswahl von Banken und Sparkassen begründet ist, reklamieren ABT & PARTNER und seine
Konkurrenten besonders gerne für sich.

Der vermeintliche Vorteil allerdings trügt. Der Schwindel
von ABT & PARTNER besteht nicht darin zu behaupten, aus
einem größeren Angebot auswählen zu können, sondern
darin, dass es ein, wenn auch breiteres, jedoch vorsätzlich
selektiertes Angebot ist. Hinzu kommt, dass das Provisio-
nierungssystem in seiner spezifischen Dynamik diese Selek-
tion noch einmal verdichtet, die Angebote auf das reduziert,
was man immer schon befürchtet hat: Der ABT & PARTNER-
Verkäufer verkauft die Produkte, für die er die meisten Provisionen erhält.

Durch die Konzentration auf ein bestimmtes Produkt eines bestimmten Unternehmens wird ein enges Netz der professionellen Zusammenarbeit unter den jeweiligen Sachbearbeitern und den Handelsvertretern des Finanzvertriebs geknüpft. Auf diese Weise kann der Vertreter, indem er sich anfänglich auf die Empfehlungen seiner Führungskräfte und später auf die eigene Erfahrung beruft, über die gute, für den Kunden wichtige »serviceorientierte« Zusammenarbeit mit dem Unternehmen berichten. Er kennt ja kein anderes. Und will es auch nicht kennen lernen, stehen dessen Provisionen doch in dem Ruf, gar zu mager zu sein.

Abt & Partner muss man sich leisten können

Am 7. Februar notiert Brot in sein Tagebuch, dass man sich Abt & Partner schon leisten können muss, und meint, dass echte Drücker bei gleichem Einsatz sicher sehr viel mehr verdienen. Auf seinem Girokonto ist immer noch kein Geld eingegangen. Natürlich distanziert er sich innerlich davon, Drücker zu sein. Mit seinem Selbstwertgefühl als Finanzberater ist es aber nicht weit her.

Wenn Miriam ihm auch immer wieder unter die Arme greift und Brot nicht nur materiell unterstützt, mit seinen Zweifeln bleibt er allein. Angesichts der vielen Absagen seitens potenzieller Kunden und der Tatsache, dass er für seine Anstrengungen nach drei Monaten intensiver Arbeit noch immer keinen gerechten Lohn erhalten hat, strapaziert er alle Techniken der Selbstsuggestion, um die warnenden Stimmen in den Wind zu schlagen. Nachts träumt er davon, in einem Umfeld von Gaunern und Betrügern einen schier aussichtslosen Kampf ums Überleben zu kämpfen. Es ist schon schwierig genug, Termine mit potenziellen Kunden zu vereinbaren. Zusehends noch schwieriger aber ist es, einen Termin bei seinem Gruppenleiter zu bekommen. Die Vorstellungstermine von immer wieder neuen, potenziellen Mitarbeitern nimmt Beyer wichtiger als die Betreuung der angestammten Vertreter innerhalb seiner Gruppe.

Auf der anderen Seite soll Brot schon jetzt als Vorbild für die Neuen herhalten. Besonders seine hohe Terminfrequenz wird immer wieder hervorgehoben, und man beginnt ihm zu schmeicheln, ja ihn zu hofieren. Irgend etwas stimmt hier nicht; kein Geld in der Tasche, aber auf der Bühne bereits Vorbild für neue Mitarbeiter.

Es bleibt Pflicht, freitags zwischen 17 und 21 Uhr zu telefonieren. Wer nicht kommt, wird zur Rede gestellt, genauso wie diejenigen, die sich mit dem Telefonieren schwer tun, die lieber mal miteinander reden und ihre Erfahrungen austauschen.

Bissig, kompromisslos und laut weist Bösser seine Truppe in den blauen Anzügen zurecht: »Ich weiß genau, wer da in der Ecke steht. Das sind immer die mit den wenigsten Einheiten, den wenigsten Terminen, das sind die Drückeberger und Subversiven. Wenn ich einmal einen erwischen sollte, der eines dieser Schundmagazine von Stiftung Warentest erwähnt oder gar hier anschleppt, den werfe ich persönlich raus, der hat hier nichts verloren.«

Auch an diesem Tag wird Brot tapfer telefonieren. Einerseits braucht er natürlich die Termine, andererseits ist in der Tat sein sportlicher Ehrgeiz geweckt, besser als die Besten zu sein. In Wirklichkeit gelingt ihm das zwar nie, immerhin ist er aber fast immer unter den Besten. Es schmeichelt seiner Eitelkeit, unter lauter Blinden immer wieder als Einäugiger herausgehoben zu werden, bestochen mit verbalen

Auszeichnungen vom Büroleiter und mit kleinen Geschenken. Meist sind es Bücher über Persönlichkeitsbildung, Zeitmanagement, Wege zum Erfolg – »Wie ich der werde, der ich eigentlich bin«. Da fällt auch mal ein Federhalter oder ein versilbertes Etui für Visitenkarten ab.

ELITE?

Da Brot nun in jedem Gespräch und jedem Telefonat mit Beyer beharrlich Bezahlung anmahnt, kommt dann doch langsam Bewegung in die Sache.

Kaum noch lässt er sich durch die formelhaften Begründungen Beyers beruhigen: »Selbstverständlich haben Sie Bezahlung verdient, aber die Dinge sind nun mal so, dass es diese vielfältigen Prüfungszwänge gibt. Ich versichere Ihnen, das Ganze wird immer erst nach drei Monaten rund. Vertrauen Sie mir: Alles wird gut. Sie sehen ja, wie fantastisch das bei Ihnen läuft.«

Mitte Februar und – kaum zu glauben – Ende Februar notiert Brot die ersten beiden Überweisungen von ABT & PARTNER in Höhe von je 500 Euro. Miriam wittert dennoch Betrug und äußert sich nur noch sarkastisch zu den fadenscheinigen Erklärungen Beyers.

Brot stellt an sich eine zunehmende Persönlichkeitsspaltung fest. Genauso wie er sich im ABT & PARTNER-Büro und auf ABT & PARTNER-Veranstaltungen ständig verstellt, sich in seinen Anzug zwängt, bemüht er sich draußen beim Kunden um die Quadratur des Kreises. Der Widerspruch zwischen seiner wirtschaftlich katastrophalen Situation und der Saturiertheit seiner Klientel könnte kaum größer sein – wenn er sich etwa die Sorgen seiner Pädagogen-Ehepaare anhören muss, die – double income, no kids – mit 6000 Euro netto im Monat ihre Immobilienfinanzierung verbessern wollen. Die mehr für ihre Altersvorsorge aufwenden, dafür aber nicht auf ihren Südseeurlaub und die zahlreichen exklusiven Hobbys verzichten wollen.

Während seine Kleidung noch den Anschein der Seriosität wahrt, fehlt ihm zuerst gelegentlich, später sogar häufiger das Geld für Benzin, um mit dem Wagen zu seinen Kunden zu fahren. Wie soll es ihm da gelingen, Geld und Vermögen »riechbar« zu machen? Die Kunden scheinen ein untrügliches Gespür für die versteckte Armut und Angst des Beraters zu besitzen. Sie ahnen, dass sie nicht wirklich objektiv beraten werden können und dass der vermeintlich erfolgreiche und unabhängige Berater auf diesen Abschluss angewiesen ist. Nicht, dass Brot nicht an die Vorteile, die ihm in den Schulungen immer wieder vermittelt werden, glauben würde, nicht, dass er sie nicht umsetzen könnte, aber er bleibt unsicher, hat er selbst doch keine Erfahrung und zu wenig gesicherte Kenntnisse von Steuersparmodellen und ausgeklügelten Zinsdifferenzgeschäften.

Aus dem Effeff beherrscht er mittlerweile allenfalls aufzuzeigen, dass eine Haftpflichtversicherung des Unternehmens A doppelt so teuer ist wie die des Konkurrenten B, oder seinen ärmeren Kunden zu erklären, dass 20 Prozent staatlicher Prämie für vermögenswirksame Anlagen doppelt so viel bringen wie die bisherigen Anlagen mit zehnprozentiger staatlicher Prämie. Im nächsten Schritt aber Kunden davon zu überzeugen, die durch seine Beratung erzielten Ersparnisse wieder in renditeträchtigere Anlagen zu investieren, die er »im Koffer« mitgebracht hat, und sie letztendlich in sein Portemonnaie zu stecken, das verlangt harte Übung.

Versicherungen verkaufen sich über Ängste, Geldanlagen über Gier. Im Spannungsfeld zwischen dem Bedürfnis nach möglichst hoher Sicherheit, Streben nach Ertrag, aber auch Verfügbarkeit und steuerlicher Relevanz sind die Erfahrungen und Vorstellungen der Kunden jedoch sehr verschieden. Da Brot häufig Kunden berät, die seit Jahrzehnten über vielfältige, wenn auch nicht nur gute Erfahrungen im Anlagebereich verfügen, bräuchte er mehr Wissen und vor allem Erfahrung aus erster Hand. Wie will er anderen glaubhaft vermitteln, dass seine Beratung »aus dem Koffer« bessere und tragfähigere Lösungen zu bieten vermag als die der Banken, Sparkassen oder anderer Anbieter, wenn ihm selbst jegliche Erfahrung darin fehlt? Hier ist er auf Beyer angewiesen, der eigene Immobilien und Fonds hat.

Konzept-für-Profis

Dementsprechend klammert sich Brot daran, dass er es bis zum Konzept-für-Profis geschafft hat. Natürlich erzählt er das seinen Bekannten, will damit Kompetenz, wenigstens zukünftig zu erwartende Fähigkeiten hervorheben, will deutlich machen, wie vorteilhaft es für seine Kunden sein könnte, mit ihm und dem besten europäischen Finanzdienstleister zusammen zu arbeiten – einem Unternehmen, das ihn mit der Aufnahme in das Konzept-für-Profis auszeichnet, die 30 000 Euro wert sein soll.

Brot ist es nicht zu peinlich, noch eins draufzusetzen. Getreu der Devise: Über 90 Prozent beim Gewinnen ist Euphorie, erzählt er seinen Kunden gerne beiläufig, dass er einer von nur 25 unter mehreren hundert Bewerbern ist, die zu den Spitzenleuten, den am besten ausgebildeten des gesamten Unternehmens gehören. Auf diese Weise gelingt es ihm immer wieder, eine Maschinerie der Selbstbegeisterung in Gang zu setzen. Nur so kann er Bekannten und deren Freunden, auch seiner eigenen Freundin, noch unter die Augen treten. Doch kann diese Mitteilsamkeit auch nach hinten losgehen, etwa wenn sein Gegenüber, was immer mal wieder vorkommt, wirkliche Ahnung von der Materie hat und ihm erbarmungslos auf den Zahn fühlt.

Im Konzept-für-Profis ist dann alles wie gehabt. Schnell kommen die Referenten zur Sache, und die heißt in den Berufsalltag übersetzt nichts anderes als Umsatz. Damit das Verkaufen, das nun unter der Bezeichnung »Praktische Übungen am Abend« firmiert, möglichst effizient verläuft, wird tagsüber gedrillt. »Von den 25, die hier sitzen«, so Büroleiter Bösser, der relativ häufig Schulungsleiter ist, »werden am Ende vielleicht zehn, vielleicht auch nur fünf übrig bleiben. Schon nach einem Monat werden wir es hier schon viel gemütlicher haben«, sagt er dem Kollegen, der sich über die Beengtheit des Schulungsraumes wundert. »Wundern Sie sich nicht, das hat alles seinen Sinn. Oder glauben Sie, dass wir hier Faulpelze durchziehen? Sie sind nicht in der Schule, sondern Teil einer Elite. Um das zu bestätigen, müssen Sie eben etwas mehr tun als andere, müssen erst einmal beweisen, dass Sie wirklich dazugehören.«

Die Vorgaben für die ersten drei Monate haben es in sich: So sollen im ersten Monat 500, im zweiten 800 und im dritten Monat 1000 Einheiten geschrieben werden, eine Maßzahl, die bis zum Ende der sechsmonatigen Schulung auch nicht mehr unterschritten werden darf. Sollten die Ziele nicht erreicht werden, würde das zum sofortigen Ausschluss aus dem Konzept-für-Profis führen. »Ohne nähere Prüfung«, wie Bösser erklärt, und er fährt fort: »Wissen Sie, mir ist das doch egal, ob Ihre Oma stirbt oder Sie Migräne haben. Sie müssen endlich begreifen, dass Sie selbständig sind. Das bedeutet, wenn Sie nichts leisten, gibt es nichts. Die Entscheidung liegt allein bei Ihnen.«

Von Dienstag bis Freitag wird von 9 Uhr bis 16 Uhr geschult. Die wesentlichen Schulungsthemen sind: Profil eines Finanzberaters bei ABT & PARTNER, Telefonakquise, Beratung, Verkauf, Sachthemen und »Wege zu sich selbst« von Brian Tracy. Von universitärer Ausbildung, was auch immer das heißen soll, keine Spur, nicht einmal der Anschein. Die meist veralteten Unterlagen stammen aus bekannten Handbüchern für Verkäufer aus den ABT & PARTNER-Archiven oder sind Unterlagen von Unternehmen, mit denen ABT & PARTNER besonders eng zusammenarbeitet.

Der Ablauf eines Schulungstags ist strikt geregelt. Ohne Aufforderung sind zunächst die Erfolgsstatistiken des vergangenen Tages schriftlich niederzulegen und werden ins Sekretariat zur Erfassung gegeben. Anschließend werden die Statistiken analysiert, was nichts anderes heißt, als dass die Berater Rechenschaft darüber ablegen müssen, wie viele Telefonate sie geführt, wie viele Kontakte sie gesucht, wie viele Datenerhebungen sie angestrengt und durchgeführt und wie viele Einheiten sie geschrieben haben.

Der Begriff des selbständigen Handelsvertreters, soviel wird Brot deutlich, ist bei ABT & PARTNER bloße Farce. In Wirklichkeit haben die Berater weniger Rechte als Rekruten und werden auch entsprechend behandelt. Während letztere auf freie Kost und Logis sowie Absicherung im Krankheitsfall rechnen dürfen, müssen die ABT & PARTNER-Vertreter für alle privaten Unkosten selbst aufkommen. Zudem dürfen sie noch einige tausend Euro für teilweise sehr zweifelhafte und verpflichtende Maßnahmen des Unternehmens

»investieren«. Dabei hat der einzelne Handelsvertreter keine Möglichkeit, diese »notwendigen« Investitionen auf ihre Wirtschaftlichkeit hin zu überprüfen und sie im Zweifelsfall abzulehnen.

Da es immer nur wenigen Teilnehmern gelingt, die Schulungsleiter zufrieden zu stellen, gehen die meisten von ihnen schnell dazu über, ihre Ergebnisse des Vortags zu schönen. Passend bezeichnet ein Mainzer Kollege den Tagesbeginn als Märchenstunde.

Im Konzept-für-Profis begegnet Jürgen Brot einer Kollegin aus Rüsselsheim, Lena Maurer, eine 39-jährige Diplom-Biologin und allein erziehende Mutter von zwei Kindern. Lena und Brot sind einander von Beginn an sympathisch. Brot schmunzelt ein wenig, als sie ihm von ihrem »sehr um mich bemühten Gruppenleiter« erzählt, dem sie es zu verdanken hat, Teil der Elite zu sein. Da beide zur rauchenden Minderheit der Gruppe gehören, stehen sie auch in den Pausen zusammen und finden schnell Vertrauen zueinander. Brot schätzt an ihr besonders, dass sie sich nicht verstellt, dass sie sich, trotz ihres netten Gruppenleiters, noch einen kritischen Blick für ABT & PARTNER bewahrt hat.

Nur gute Ergebnisse des vergangenen Abends und der laufenden Woche geben einem das Recht, unter bestimmten Umständen einmal den Mund aufzumachen, Fragen zu stellen, etwas in Frage zu stellen. Schon nach einer Woche ist der Druck für einige unerträglich. Lena gehört zu denen, die darunter besonders leiden. Brot bemerkt, wie ihre Hände, die sie häufig unter ihrem Arbeitstisch verbirgt, unaufhörlich zittern. Das Zittern lässt selbst dann kaum nach, wenn sie sich Notizen macht. Unverhohlen räumt sie Brot, der sie darauf in der Pause anspricht, ein: »Ich habe einfach Angst, dass ich es nicht schaffe.«

Die Angst, es hier nicht zu schaffen, ist begründet. Nur sieben der inzwischen auf 23 Teilnehmer reduzierten Gruppe erreichen im ersten Monat das Ziel von mindestens 500 Einheiten. Brot ist mit 540 dabei. Um sich nicht völlig zu blamieren, erhalten die »Verlierer des ersten Monats« eine zweite Chance, an die Bedingungen geknüpft sind: Zu den geforderten 800 Einheiten des zweiten Monats ist die Differenz zu den 500 des ersten Monats individuell auszugleichen.

»Das schaffe ich nie«, vertraut sich Lena mit zitternder Stimme ihrem Kollegen Brot an. »Ich habe doch nur 220 geschrieben. Über 1000 Einheiten schaffen in unserem Büro nicht einmal die besten, und ich habe doch keine Empfehlungen.«

Vergütung – erst mal verdienen

Wenig später folgt der nächste Schock. Um den neuen Mitarbeitern die Teilnahme am Konzept-für-Profis schmackhaft zu machen, wurde ihnen im persönlichen Gespräch genauso wie in zentralen Werbeveranstaltungen eine Vergütung in Aussicht gestellt, die sich an der Höhe ihrer bisherigen Bezüge und ihrer persönlichen Bedürfnisse ausrichten würde. »Das sind bei dem einen 1500 Euro, bei einem anderen aber auch 3500 Euro. Sie sind es uns wert.«

Im »Seminar« ist dann davon nicht mehr die Rede. Die »Elite« geht leer aus. Alle gehen leer aus. Unter der Hand wird das in den Pausen auch kommuniziert. Die Trainer waschen ihre Hände in Unschuld – »mir ist davon nichts bekannt« – und raten, dieses Thema mit der jeweiligen Führungskraft zu besprechen.

Letztlich aber trauen sich nur wenige, offen miteinander zu reden. Die Informationslage könnte widersprüchlicher kaum sein. Während Brot mit Beyer einen Betrag von 2000 Euro vereinbart hat, woran dieser sich nicht mehr erinnern können will, wollen andere wissen, dass so genannte Vorschüsse ausschließlich auf Basis unterzeichneter Verträge gezahlt werden. Dritte ergänzen, dass auch Vorschüsse erst ab einem ersten Mindestumsatz von 150 000 Euro gezahlt würden. Wieder andere meinen, dass sie das alles gar nicht nötig hätten, gleichsam zum Spaß hier wären.

Nicht nur Beyer entpuppt sich als Lügner. Der Verdacht, dass hier systematisch betrogen wird, bestätigt sich auch durch die Erzählungen von Mitarbeitern anderer ABT & PARTNER-Büros. Nicht ABT & PARTNER übernimmt das Gehalt, sondern das ist alles Sache der jeweiligen Führungskräfte. Tatsächlich hat keiner der 25 einen schriftlichen Vertrag über derartige Leistungen während des Schulungszeitraums.

Während sich einige über die dreiste Lügnerei beschweren – »das hatten wir nicht vereinbart« –, erfahren andere Vertröstung: »Das läuft erst im nächsten Monat.« Einige lassen sich einmal mehr auf die bekannten vagen Versprechungen ihrer Führungskräfte ein: »Sie schaffen das doch auch so, Sie stehen doch kurz vor dem Durchbruch.« Quotenrechnung raus, die Million vor Augen geführt, am besten noch im gleichen Jahr.

Je nach Tagesform hört Brot von Beyer alle drei Begründungen. Schnell zerbricht unter den Schulungsteilnehmern die gerade im Ansatz vorhandene Solidarität, jeder kämpft ums Überleben, keiner will den Rückhalt seiner Führungskraft verlieren. Denn ohne die kommen sie ja überhaupt nicht weiter.

Angesichts der materiellen Schieflage, die das Auftreten beim Kunden zu einer gefährlichen Gratwanderung macht, wächst bei Brot – und nicht nur bei ihm – das Misstrauen gegenüber ABT & PARTNER. Die Zweifel werden deutlicher, erstrecken sich nun auch auf die Seriosität der Analyse und der Produkte; die Firma gerät ins Zwielicht.

KOLLEGEN VERSCHWINDEN GRUSSLOS

Peter Hinrich, einer der Senkrechtstarter, der durch seine erstaunlich hohen Umsätze in den ersten Wochen selbstverständlich zur Elite zählt, hört plötzlich auf, verschwindet grußlos. Brot, der hinter dem erfolgreichen ABT & PARTNER-Mitarbeiter auch den Menschen gesehen hat, mag die allgemeine Ignoranz diesmal nicht teilen.

Es gehört sich nicht, nach einem zu fragen, der nicht mehr kommt. Tut man es dennoch, signalisieren Trainer und Führungskräfte völlige Unkenntnis und anschließend Verständnislosigkeit ob der Frage. So als hätte es denjenigen nie gegeben.

Beharrt der Fragende allerdings auf Auskunft, wird man deutlicher, indem die Frage als solche abgestraft wird – ob man denn nichts Besseres zu tun habe als sich gerade damit zu beschäftigen. Man blockt ab, zuckt mit den Achseln und beginnt den Fragenden zu verdächtigen. Ergeht sich in Andeutungen, mutmaßt, dass auch der vielleicht in »so eine Sache« verstrickt sei.

Brot fragt hartnäckig weiter und misstraut der Diskreditierung des Kollegen. Die Reaktionen der Büroleiter haben etwas Drohendes an sich, und auch die Kollegen haben wenig Verständnis für Brots Beharrlichkeit.

Später, als ein leitender Mitarbeiter von ABT & PARTNER auf Grund unüberbrückbarer Differenzen mit der Unternehmensführung das Unternehmen verlässt, muss Brot erleben, dass Kollegen, Trainer und Führungskräfte selbst vor übelster Nachrede und schlimmen Unterstellungen wie Betrug und Diebstahl nicht zurückschrecken – und das, obwohl der betreffende Mitarbeiter seriös wie nur wenige gewesen ist, über Jahre erfolgreich für das Unternehmen gewirkt hat und die Trennung in gegenseitigem Einvernehmen erfolgt ist. Ihn befremdet zutiefst, dass die Diskreditierungen unbefragt von allen übernommen werden. Es reicht dem Unternehmen und seinen Mitarbeitern offenbar nicht, einfach Position zu beziehen und zu sagen: »Wir lassen uns nur bis hierher und nicht weiter kritisieren, daher trennen wir uns von diesem Mitarbeiter.«

Vielmehr ist es die Regel geworden, dass ungeliebte Mitarbeiter in der Endphase der Firmenzugehörigkeit und nach Beendigung des Arbeitsverhältnisses ganz persönlich angegriffen werden. Manchmal genügt als Auslöser von Diffamierungen die zweideutige Bemerkung eines Abteilungsleiters oder eine Geste vor engeren Mitarbeitern, die Vorsicht vor zu engem Kontakt andeutet. Solche genau platzierten Hinweise können Lawinen von Verdächtigungen, der Beschmutzung und der Verleumdung auslösen. Die Steinigung nehmen dann Kollegen in die Hand, die eigentlich keinerlei äußere Veranlassung dazu haben.

Brot gelingt es nicht, von seinen Kollegen zu erfahren, was sie zu ihrer üblen Nachrede veranlasst. Fragt er nach, weicht man ihm immer wieder aus, stellt sich ahnungslos, will nichts damit zu tun haben. Letztlich erklärt er sich das Phänomen so, dass diese Menschen große Ängste haben, sich mit ihrer eigenen Situation auseinander zu setzen – damit, dass ihre Stellung genauso gefährdet ist wie die desjenigen, der zum Opfer ihrer Attacken wird.

Dazu kommt, erkennt Brot, eine Art Untertanenmentalität: Angst, die eigenen Chancen zu verringern, gewonnenes Terrain preiszugeben, nicht mehr dazuzugehören, sich angreifbar oder verdächtig zu machen.

ABT & PARTNER-BÜROLEITER PACKEN AUS

Brot will der Sache auf den Grund gehen und ruft Hinrich an. Dieser ist ihm dankbar. Offenbar ist Brot der Einzige, der sich nach ihm erkundigt. Er berichtet, dass er »praktisch über Nacht« auf Grund eines kritischen Artikels über ABT & PARTNER in einer verbraucherorientierten Zeitschrift von seinem gesamten persönlichen Umfeld angegriffen wurde. Das ist auch kein Wunder, wenn man berücksichtigt, dass ABT & PARTNER-Vertreter immer erst im engsten Umfeld verkaufen. Wenn sich dieses Umfeld, wie bei Hinrich, auf jene kleine Kommune beschränkt, in der der Finanzberater zu Hause ist – in der im Extremfall jeder jeden kennt –, lässt sich das Ausmaß seiner Schwierigkeiten ermessen.

Durch den Bericht über ABT & PARTNER sieht sich der bis dahin unbescholtene Mann, einst Geschäftsführer einer ordentlichen mittelständischen Unternehmung, plötzlich ungeheuerlichen Vorwürfen ausgesetzt. In dem umfangreichen Artikel werden Vertriebs- und Akquisitionsmethoden des Unternehmens angeprangert und die Unabhängigkeit der »freien« Handelsvertreter in Frage gestellt. Sein Umfeld wendet sich von ihm ab, geißelt ihn als Falschmünzer und verdächtige Person, einzig weil er für dieses Unternehmen arbeitet.

Die meisten seiner Verträge werden storniert. Hinrich hilft auf Wunsch gerne dabei, auch wenn der erzielte Umsatz zum Teufel ist – schließlich kämpft er um sein Ansehen. »Wissen Sie«, erzählt er Brot, »ich kann es mir nicht leisten, mit Gaunern und Betrügern in einen Topf geworfen zu werden. Dabei geht es ja auch um meine Tochter, meine Frau, selbst die können sich ja nirgendwo mehr blicken lassen.«

Eine Ausnahme? Mitnichten. Brot und vielen seiner Kollegen ergeht es in dieser Zeit ähnlich. Der Artikel spricht sich herum, schneller als den meisten lieb ist, und das Vertrauen ist rasch dahin. Nicht bloß, dass mühsam geknüpfte erste Kontakte erfolglos – ohne Umsatz – enden, schlimmer, man warnt einander telefonisch. Lena, Knoll, Schrot, Messer, Brot, neuerdings sind sie Betrüger, noch bevor sie ein Wort gesagt haben.

In einer Art Vorwärtsverteidigung gelingt es Brot mit viel Mühe, den eigenen Schaden zu begrenzen. Er schickt seinen Kunden und denjenigen, die zur Datenerhebung und Beratung anstehen, eine Kopie des Artikels. Ist er doch selbst entsetzt über das, was dort von zwei ehemaligen Büroleitern behauptet und belegt wird.

Natürlich macht er mit den so informierten Kunden dann keine Geschäfte. Aber immerhin sind sie ihm dankbar, im Vorfeld unterrichtet worden zu sein. Ein Sportsfreund aus alten Tagen ruft ihn an und sagt: »Hör mal Jürgen, hau dort ab. Ich finde es gut, dass du mir den Artikel geschickt hast. Wir hatten ihn schon gelesen. Aber ich fürchte, dass du da untergehst.«

Nach fünf Monaten hat sich an Brots wirtschaftlicher Misere nichts geändert. Im Gegenteil, ohne Miriam hätte er die Miete und vieles andere schuldig bleiben müssen. Seit zwei Monaten versucht er nun, mit öffentlichen Verkehrsmitteln seinen Terminen nachzukommen und stellt fest, dass er täglich rund 15 Stunden unterwegs ist. Auch physisch ist er am Ende seiner Kräfte angelangt. Nachts hat er Albträume, die ihn an Kriegsschauplätze führen.

Schweißgebadet erwacht er dann und erinnert sich an sein Schreien: »Ich will eine faire Chance.«

Miriam kann das kaum noch mit ansehen und hört schon gar nicht mehr zu, wenn ihr Brot von dem erzählt, was im »Konzept-für-Profis« die »totale Verpflichtung« genannt wird:

»Die totale Verpflichtung hilft dir, eine positive Einstellung zu bewahren. Sie hilft dir, Probleme in Möglichkeiten umzuwandeln, dann, wenn du die Option, aufzugeben, abschaffst. Denke daran: Einstellung ist nichts Nebensächliches – sie ist alles.«

Die Reaktion von ABT & PARTNER auf den Test-Bericht ist denkbar einfach und wirkungsvoll. Die Führungskräfte sprechen von frustrierten ehemaligen Kollegen, die sich fehlerhafter Beratungen und anderer Verfehlungen – »wir wollen das hier nicht vertiefen« – schuldig gemacht hätten. Im Übrigen sei doch so ein Artikel nicht der Rede wert.

Bösser lässt sich nur einmal zu einem Kommentar hinreißen: »Selbst wenn da bei irgendeinem mal was schief gelaufen ist, wo bitteschön läuft denn immer alles glatt? Halten Sie einen Mercedes für ein gutes Auto? Natürlich. Aber können Sie sich vorstellen, dass da auch mal ein Montagsauto darunter ist, das vielleicht häufiger in die Werkstatt muss? Na, sehen Sie, dennoch bleibt der Mercedes ein gutes Auto. Genauso ist es auch mit ABT & PARTNER. Auch uns unterlaufen mal Fehler, die Mandanten oder auch Kollegen verstimmen. Aber was ist das schon? Durchschnittlich haben Unternehmen eine Fehlerquote von rund fünf Prozent.

Darüber regt sich doch keiner auf. Und bei uns ist die Fehlerquote viel niedriger. Sollten Sie wirklich einen unter Ihren Kunden haben, der sich aufregt, lassen Sie den doch einfach in Ruhe. Das sind doch die Ewiggestrigen, die Misstrauischen, die Querulanten, die Klugscheißer. Mal ehrlich, mit denen wollen Sie doch eh nicht zusammenarbeiten. Seien Sie froh, dass Sie die los sind und rufen Sie die Leute an, die Sie brauchen. Denken Sie positiv ... und wehe, ich sehe einen, der das hier liest oder darüber spricht, den schmeiße ich raus.«

Da sich Brot nicht ganz so schnell einlullen lässt und Zweifel bleiben, nimmt Beyer ihn noch einmal zur Seite und fragt ihn geschickt: »Sagen Sie mal Herr Brot, Sie haben doch lange genug als Journalist gearbeitet, Sie müssten doch wissen, dass das alles gesteuert ist. Was glauben Sie denn, wie viele Neider wir haben. Und dass die von der Testzeitung, ganz abgesehen von deren fraglicher Kompetenz, mit der sie morgens Marmeladen, mittags Waschmaschinen und abends Geldanlagen prüfen, auch von Zuflüssen abhängig sind, das müssten Sie doch am besten wissen.«

Und einmal mehr gelingt es Beyer, Brot zu verunsichern.

Erpressung und Verschuldung

Nicht wenige potenzielle Kunden hören von ABT & PARTNER erstmals durch den negativen Artikel. Eine schwere Zeit, um, wie gefordert, die Umsätze zu steigern. Um an dem Konzept-für-Profis teilzunehmen, haben die meisten schon aus zeitlichen Gründen ihren bisherigen Beruf aufgegeben, so sie denn noch eine feste Anstellung hatten. Jetzt sind ABT & PARTNER und die Hoffnung auf den eigenen Erfolg der letzte Strohhalm, an den sie sich klammern. Gleichviel, bei den meisten, so heißt es, laufe es ja, und schließlich stehe man doch kurz vor dem Ziel. Willst du den Erfolg? Wenn du ihn wirklich willst, dann stellt er sich auch über kurz oder lang ein. Büroleiter und Trainer scheuen nicht davor zurück, zur Bekräftigung auch die Bibel zu zitieren: »Ihr Wille kann Berge versetzen.«

Mit leeren Taschen ziehen Brot und Lena in dieser Zeit, in der das Misstrauen bei den Kunden stark gewachsen ist, den Misserfolg jedoch geradezu an. Leere Taschen sind in dieser Branche ein K.O.-Kriterium beim halbwegs vernünftigen, vorsichtigen Kunden. Der scheint nämlich für die Armut und Angst des Beraters einen sechsten Sinn zu haben. Dann aber, wenn sich die erfolglosen Kundengespräche häufen und Abschlüsse nicht in Sicht sind, spätestens dann setzen die Finanzberater ihre Familie, ihre Freunde, Verwandte, Bekannte und eigentlich jeden unter Druck, der ihnen über den Weg läuft. Judith Messer ist so verzweifelt, dass sie Arbeitskollegen ihres Freundes um Unterschriften anfleht: »Sonst fliege ich aus dem Konzept-für-Profis.« Sie ist nicht die Einzige, die sich so erniedrigt.

Die ersten Rechnungen werden nicht beglichen, der Dispositionskredit ist einmal mehr ausgeschöpft, vielleicht kann schon die nächste Miete nicht mehr bezahlt werden, die alltäglichen Notwendigkeiten werden plötzlich zu großen Aufwendungen. Dabei ist elegantes Auftreten Pflicht: Gesichtskontrolle bei jedem Meeting, jeder Begegnung, am besten mit Dreiteiler, Laptop und unterwegs den Stern vor Augen. Einige verschulden sich gerade deswegen hoch, verkaufen das Tafelsilber oder Grundstücke, um glauben zu machen, sie hätten es geschafft. Wie zum Beispiel Radenkovic, der Bauland verkauft, um nun mit einem neuen BMW vorfahren zu können.

Brot bekommt an jedem Schulungstag zu hören, dass seine Kleidung Anlass zur Sorge gebe. Immer wieder wird er von den Schulungsleitern gefragt, wann er sich denn endlich einen Anzug, wie ihn ein Finanzberater trägt, zuzulegen gedenke. In diesem Punkt bleibt Brot stur. Einmal, weil er die Erfahrung macht, dass er in seiner normalen Garderobe noch überall willkommen ist, zum anderen, weil er bisher kaum etwas bei ABT & PARTNER verdient hat. Sollen die erst einmal halbwegs ihre Versprechen einhalten, denkt er sich. Allerdings vergeht bald kein Tag mehr, an dem die Referenten nicht auf das Thema Kleidung zu sprechen kommen. Und Bösser, dem die Fäkalsprache vertraut ist, lässt sich irgendwann von seinem Ärger, den Brots äußere Erscheinung bei ihm hervorruft, hinreißen: »Brot, Sie sehen Scheiße aus.«

Brot bleibt weiterhin gelassen, nicht aber Beyer. Der ist dieses Themas müde und von Bösser unter Druck gesetzt bittet er Brot eindringlich, sich einen dunklen Anzug zu kaufen, den er auch bezahlen werde. Brot versucht konsequent zu bleiben und besteht auf Zahlungen seitens ABT & PARTNER in einer Höhe, die zumindest seinen Umsätzen entspricht. Beyer sieht, dass er hier nicht weiterkommt und gibt Brot 200 Euro in bar, die der ihm bitte quittieren möge. In dieser Zwangslage, denn von dem Geld lässt sich kaum ein vernünftiger Anzug kaufen, wird Miriam wieder einmal helfen.

Als Brot eine Woche später im dunkelblauen Dreiteiler erscheint, wird er ausnahmslos von allen beglückwünscht.

Auch Lena, die im Schulungsraum neben ihm sitzt, scheint froh zu sein, dass es nun einen Punkt weniger gibt, weswegen Brot zur Zielscheibe der Referentenkritik werden kann.

Damit die Moral der Truppe nicht leidet, ist es mittlerweile ganz offiziell verboten, über Schwierigkeiten zu sprechen, die mit dem Verkaufen zu tun haben. Jeder, der sich dem widersetzt, wird wegen negativen Denkens als unternehmensunwürdig runtergemacht. Inzwischen gilt es schon als verdächtig, wenn zwei zusammenstehen. Am Ende des ersten Monats befinden sich die meisten, eben noch Elite, unter ungeheurem Druck. Lediglich ein Glückstreffer, eine Lebensversicherung in der Regel, die den Anfängern jetzt so weit weg wie ein Lottogewinn erscheint, könnte sie retten. Nur einer ist in der Gruppe, der das Gewerbe kennt, ein Versicherungsvertreter aus Wetzlar. Ihm ist das Ganze bald zu dumm. Schon vor Ablauf des ersten Monats macht er sich aus freien Stücken aus dem Staub.

Genauso wie Brot nimmt Lena alles sehr ernst und beginnt an ihren Fähigkeiten und sich selbst zu zweifeln. Ehrungen einiger Glücksritter, die am Abend zuvor 100 oder 200 Einheiten geschrieben haben, verstärken ihr Gefühl zu versagen. Wie diese Anfänger, die schon nach ein paar Einheiten stolz in ihrer Mir-kann-keiner-etwas-vormachen-Manier rumschwadronieren, so wird sie nie sein. Überhaupt, das stimme doch nicht, dass der Job so leicht sei, wie die vorgeben.

Trotz der skeptisch musternden Blicke der Referenten, ja selbst der Kollegen, stehen Lena und Brot in den Pausen oft zusammen. Auf die Grüppchen weisend flüstert sie ihm zu: »Ich verstehe nicht, dass die Grünschnäbel dort, die doch gleichzeitig mit uns angefangen haben, mit den alten Hasen über Börsenkurse und Anlagen reden, als hätten sie jahrelange Erfahrung. Da stimmt doch was nicht.« Trotz Zweifel, Unbehagen und Fluchttendenzen hält sie weiter aus. »Jürgen«, sagt sie, »weißt du, am liebsten würde ich die Flinte ins Korn werfen. Aber ich brauche eine neue berufliche Perspektive. Ich brauche sie unbedingt. Diplom-Biologen gibt's wie Sand am Meer, was soll ich denn sonst machen?«

SCHULDIG

Nicht die ungewohnte Arbeit, nicht die Kollegen, nicht die Lügen, nicht einmal die Erfolglosigkeit selbst sind Brots größtes Problem, sondern ein Gefühl von Schuld, das sich in ihm zusehends breit macht: selbst schuld zu sein an seinem Versagen. In den Motivationskursen lautet die ständig wiederholte Botschaft: »Schauen Sie in den Spiegel; für alles, was Sie da sehen, trägt nur einer die Verantwortung: Sie selbst. Im Spiegel sehen Sie den, der Meister seines Lebens ist. Und wenn Sie das Gefühl haben, dass Sie da kein Meister anblickt, dann fragen Sie sich, wer schuld daran ist. Und darauf gibt es nur eine Anwort: Sie selbst.

Wenn Sie sich zu fett vorkommen, haben Sie zuviel gefressen. Wenn Sie sich klein, geschlagen, erfolglos, ungeliebt vorkommen, erinnern Sie sich, dass nur Sie die alleinige Verantwortung für alles tragen, was passiert ist und was passieren wird. Überprüfen Sie Ihre Gedanken. Ihren Gedanken folgen Taten, Taten werden zu Gewohnheiten, Gewohnheiten zum Schicksal.«

Oh Brot, was hast du nicht alles für schlechte Angewohnheiten.

»Und«, fragt sich Brot, »wer ist schuld daran, dass ich keine Kunden habe?« Die Anwort liegt nahe: »Nur ich allein.« Verdammt noch mal, dann telefoniere. Brot hat noch nie so telefoniert.

Um nicht vollständig den Mut zu verlieren, ist er darauf angewiesen, sich im ersten Anlauf ein Erfolgserlebnis zu verschaffen, das heißt, er braucht beim ersten Telefonat unbedingt einen Termin. So lernt er, zunächst jemanden anzurufen, der sich auf jeden Fall mit ihm treffen wird – der aus Freundschaft oder Verpflichtung gar nicht anders kann. Dann knüpft er sich noch einmal die Leute vor, die ihm aus seinem näheren Umfeld bekannt sind, Menschen, bei denen er einen gewissen Vertrauensvorschuss hat. Von denen er annimmt, dass sie annehmen, dass er sie niemals betrügen würde, und die ihm – und nur darum geht es – einen Termin geben. Das Ziel des Telefonierens ist immer der Termin. Der Gesprächsablauf: Problem vor Nutzen vor Preis. »Stimmt es, dass Sie grundsätzlich an finanziellen Vorteilen interessiert sind? Wenn es mir gelingen würde, Ihnen, sagen wir mal, einen Vorteil von mehreren tausend Euro zu verschaffen, dann würde Sie das doch interessieren, stimmt's? Prima, dann schlage ich vor, wir setzen uns einmal zusammen und ich zeige Ihnen, wie das geht, passt es Ihnen besser in der Woche oder am Wochenende ...«

Auch Lena überwindet ihre Erschöpfung und hängt sich wieder ans Telefon. Desensibilisierung: die Angst vor dem NEIN überwinden durch Training. Zehn Termine wöchentlich sind das geforderte Minimum. Das sieht jeder ein, liegt doch die Ausfallquote bei rund 50 Prozent, bei vielen sogar höher.

Nur selten ist ein Handelsvertreter wirklich bei seinen neuen Kunden willkommen. Viele Kunden ahnen oder wissen, dass am Ende aller Beratung selbstverständlich der Verkauf steht. Doch die Gesprächstechniken, die bei der

Telefonakquisition eingesetzt werden, lassen bei konsequenter Anwendung eine Ablehnung nur um den Preis eines schlechten Gewissens zu. Denn einmal gibt es kaum einen Haushalt, bei dem bei näherem Hinsehen nicht etwas zu verbessern wäre, und der Angerufene muss dementsprechend den Eindruck haben, sich ins eigene Fleisch zu schneiden. Zum anderen lässt der Anrufer erst dann locker, wenn das NEIN wirklich unwiderruflich ist.

Viele Menschen aber würden sich lieber die Zunge rausschneiden lassen als deutlich NEIN zu sagen und sich unbeliebt zu machen – und sei es nur am Telefon. Darunter sind dann allerdings wiederum viele, die die Verabredung absichtlich vergessen oder vorgeben, nicht zu Hause sein. Großer Beliebtheit erfreut sich auch, sich für das NEIN Hilfe beim Partner zu holen, der dann statt einem selbst anruft und den Termin absagt. Dennoch, so verzweifelt Lena auch ist, sie bleibt am Ball. Schöpft mit jeder Telefonnummer neue Hoffnung.

Lenas Kinder haben kaum noch etwas von ihrer Mutter. Viermal wöchentlich von morgens 9 Uhr bis nachmittags 16 Uhr wird sie ausgebildet, zugerüstet für – laut ABT & PARTNER – eine der schönsten, befriedigendsten und lukrativsten Tätigkeiten der Welt: das Verkaufen. Danach wartet der praktische Teil. Praktische Ausbildung bei ABT & PARTNER aber heißt nur eins: Umsatz machen, egal wie. Doch das gelingt Lena immer seltener.

»Sag mir doch mal, was ich falsch mache«, bittet sie Brot am nächsten Morgen um Hinweise. »Du hast doch ganz andere Erfolge vorzuweisen als ich.« In Wirklichkeit kann Brot ihr kein bisschen helfen. Er findet lediglich, dass sie fleißig ist, ein gutes Auftreten hat, und kann ihr auch nur sagen, was er selbst glaubt: »Wenn wir in diesem Beruf erfolgreich sind, dann nur als Ergebnis langfristigen Vertrauensaufbaus, zu allem anderen taugen wir nicht. Und ich finde, dir kann man vertrauen.«

Nach sechs Wochen geht Lena. Sie kann nicht mehr. Wie nicht anders zu erwarten, hat ihre Führungskraft sie im Regen stehen gelassen.

DRILLS

Neuerdings werden Fragetechniken geübt. Offene Fragen, die dem Gegenüber Gelegenheit zum Nachhaken oder Nachdenken geben, sind zu vermeiden. So genannten geschlossenen Fragen, die dem Kunden nur die Wahl zwischen »Nein« (besser nicht) oder »Ja« lassen, gebührt eindeutig der Vorzug. Um die Fähigkeit zu trainieren, Gespräche in die richtige Richtung zu lenken, werden Standards gepaukt.

Besonders effektiv ist die Einwandvorwegbehandlung: »Jetzt fragen Sie sich bestimmt, wie soll denn das gehen?«, um sich dann in direktem Anschluss das Einverständnis des Gegenübers abzuholen: »Einverstanden?« – »Gell?« – »Das sehen Sie doch auch so?« – »Okay?« – »Stimmt's?«

Einem der Ausbilder, Johann Bleich, knapp über 30 Jahre alt, ist es vor einem Jahr – wie auch immer – gelungen, nicht nur den Fuhrpark einer Großbäckerei zu versichern, sondern auch noch dem einen oder anderen Fahrer des Unternehmens eine Lebensversicherung zu verkaufen. Ein großer Coup, der ihn innerhalb von ABT & PARTNER schnell nach oben katapultiert hat. Natürlich – denn nichts ist so erfolgreich wie der Erfolg – hat er dadurch auch die Befähigung für Führungsaufgaben gewonnen. Er ist einer der ganz zackigen Trainer und beendet beinahe jeden Satz mit einem »Einverstanden?!«.

Mit markigen Sprüchen und stets obenauf wächst Bleich der »Elite« schnell ans Herz: endlich mal einer, der ihnen nichts vormacht. »Schreiben Sie das auf«, lautet sein Lieblingskommando. Daran schließen sich all jene Benimmregeln an, derentwegen wir Deutsche im Ausland so beliebt sind, unsere Tugenden des Erfolgs: »Erstens: Wer nicht pünktlich kommt, kann gleich wieder gehen, darüber werden wir nicht diskutieren. Zweitens: Halten Sie Ihre Unterlagen stets sauber und ordentlich, seien Sie immer tadellos wie ein Finanzberater gekleidet. Drittens: Seien Sie fleißiger als andere. Viertens: Stören Sie nicht, und sprechen Sie nur dann, wenn Sie gefragt werden. Fünftens: Wenn Sie etwas zu kritisieren haben, besprechen Sie das außerhalb dieses Gebäudes in Ihrer Freizeit, gegebenenfalls mit Ihrer Führungskraft.«

Der Möchtegernsoldat Bleich kennt beim Verkaufen nur die große Keule. Er setzt auf das Bedürfnis seiner Kunden, nichts falsch zu machen. Individualität und der Mut, sich seines eigenen Verstandes zu bedienen, haben im großen Strom der Zeit keinen Platz. Mit der Karawane ziehen, lautet seine Devise: »Willst du bauen, brauchst du einen Bausparvertrag, das machen übrigens alle meine Mandanten so.« So einfach ist das. »Alle meine Mandanten.«

Natürlich hinterlassen die Drills erste Spuren, schlagen die schon angekündigten Schneisen in die Gruppe. Nach vier Monaten Grundwehrdienst werden von den anfänglichen 25 gerade noch fünf übrig sein.

Bis zum Ende halten die Referenten an ihrer Strategie fest. Auch als Brot, Schrot und Knoll, hin und wieder nur noch zu dritt im Unterricht, längst Bekanntes zum dritten, vierten und fünften Mal aufgetischt wird, kann es der Feldwebel nicht lassen: »Schreiben Sie das auf!« Wie oft denn noch. Aber wehe dir Brot, wenn du es nicht tust. Natürlich tut er es nicht, bitte nicht zum fünften Mal. Er wird aufgefordert zu gehen und ruft so eine Konferenz auf den Plan, in der über sein destruktives Verhalten in der Gruppe gesprochen wird. Bösser setzt sich für ihn ein. Er darf bleiben.

Alles, was über Ja und Amen hinausgeht, wird als Gefährdung der auf Äußerlichkeiten fixierten Corporate Identity betrachtet. Wenn einer, der kritische Fragen stellt oder eine kritische Haltung an den Tag legt, nicht sofort vom Referenten oder Büroleiter abgestraft wird, folgt das PG, das persönliche Gespräch mit seiner Führungskraft. Von diesem Moment an gibt es unter den Vertretern keine Freundschaften mehr. Auf Grund des extremen Konformitätsdrucks funktioniert die Isolierung des Einzelnen wie auf Knopfdruck.

Scheinselbständigkeit

Während sich Brot und seine Kollegen von ihren Ausbildern drillen lassen oder Einheiten hinterherjagen, befallen sie täglich stärkere Zweifel an ihrer Selbständigkeit. Die Frage wird auch rechtlich bedeutend, als die Bundesregierung jetzt, nur um einen Teil der Löcher in den gesetzlichen Rentenkassen zu stopfen, den Status der *Schein*selbständigkeit erfindet.

In der Logik von ABT & PARTNER ist der Fall klar: Die Mitarbeiter sind fraglos selbständig. (Das wird besonders relevant, wenn ein Statthalter von ABT & PARTNER krumme Geschäfte macht, etwa Kundengelder auf sein Privatkonto umleitet. »Ausschließlich Privatgeschäfte des Herrn X«, wird der Finanzvertrieb dann die Forderung nach Wiedergutmachung abwiegeln.) Eine genaue Prüfung der Abhängigkeiten, etwa hinsichtlich Umsatzvorgaben, eng angelegter Kontrollen des Auftraggebers oder Pflichtanwesenheiten, würde allerdings zu einem völlig anderen Ergebnis kommen. Allein, da ABT & PARTNER es versteht, mit gezielten finanziellen Zuwendungen an die entsprechenden Schnittstellen der Entscheidungsapparate für gutes Wetter zu sorgen, muss Brot auch zukünftig wie ein Angestellter Beiträge an die Rentenkassen zahlen, ohne dass sich ABT & PARTNER daran beteiligt.

»Aber«, so Bösser, »es gibt doch eine große Hintertür lesen Sie den Kriterienkatalog doch einmal genau!« Der fünf

Punkte umfassende Kriterienkatalog der Bundesanstalt für Angestellte (BfA), der die Entscheidung begründen soll, ob einer selbständig oder nur scheinselbständig ist, legt unter anderem fest: Wer einen Mitarbeiter beschäftigt, ist selbständig.

»Wo«, fragt Bösser, »liegt also ihr Problem? Stellen Sie sich doch einen Studenten an, der die Datenverarbeitung übernimmt. Sie beschäftigen sich eh viel zuviel mit Unwesentlichem. Neulich – ich nenne hier keine Namen – habe ich einen von Euch gesehen, der sich geschlagene drei Stunden im Computerraum aufgehalten hat. Ein anderer, er sitzt hier unter Euch, hat zwei Tage und Nächte damit verbracht, ein Programm zur Erfassung seiner Kundendaten zu entwickeln. Das ist doch nicht zu fassen. Das sind doch alles Alibitätigkeiten. Ein Chef kümmert sich um Aufträge. Zeigen Sie doch einmal, dass Sie selbständig sind, und gehen Sie zu Ihren Kunden. Und wenn Sie keine haben, dann suchen Sie sich welche, telefonieren Sie.

Das Schreiben von Briefen, das Entwickeln von Programmen, die Ablage und alles das, womit Sie sich sonst noch vor Ihrer Arbeit drücken, ist nicht Sache eines Chefs. Das ist Sache von Angestellten. Überlegen Sie doch einmal genau: Während Ihr Angestellter die Post macht, können Sie telefonieren, Aufträge an Land ziehen. Das ist Chefsache. Frau Messer«, Bösser geht wieder einmal zum Frontalangriff über, »wie viele Telefonate brauchen Sie, um einen Termin zu vereinbaren?« »Fünf«, antwortet Frau Messer wie gehabt. »Fünf Telefonate ist zwar schlechter als der Durchschnitt, aber immerhin«, leitet Bösser zur Quotenrechnung über. »Im Schnitt erzielen Sie pro Kunde 100 Einheiten. Das macht – die meisten von Ihnen sind jetzt auf der Drei-, Vier- oder Fünf-Euro-Stufe – im Schnitt 400 Euro. So, diese 400

Euro erhalten Sie, selbst bei Ihrer Faulheit, für maximal sechs Stunden Arbeit. Das heißt, Sie verdienen in jedem Fall mehr als 65 Euro pro Stunde. Wie viel kostet ein Student in der Stunde, fünf, sieben oder zehn Euro? Das ist doch egal. Geben Sie ihm 15 Euro, fangen Sie endlich an zu arbeiten, und nerven Sie mich nicht mehr mit diesem Thema.«

So einfach kommuniziert ABT & PARTNER das vertrackte Problem auch in den Schulungen. Knoll stellt seine Frau, Radenkovic seinen Schwager, Schrot seine Lebensgefährtin und Brot einen Studenten an. »Bloß«, so der Tenor, »keine Beiträge an die bankrotte Rentenversicherung zahlen.«

In Wirklichkeit kann sich keiner von ihnen, nicht ein Einziger, zusätzliche Belastungen leisten. Denn soviel ist Brot inzwischen klar: Wenn er, der sich beim Umsatz- oder Einheiten-Ranking meistens unter den Top Ten befindet, derart am Hungertuch nagt, kann es seinen Kollegen kaum besser ergehen.

Selbst das Gespräch mit Schrot, den Brot noch am meisten von allen schätzt, bringt wenig Hilfe. Schrot trägt immer noch die Überzeugung zur Schau, dass er es schaffen kann. Dabei ahnen die Kollegen durchaus, auf welch dünnem Eis sie sich bewegen und wie sehr das Wort von der Scheinselbständigkeit die Sache selbst trifft. Ihnen allen fehlt die Orientierung in dem oft völlig unbekannten Status der Selbständigkeit.

Das hohe Maß an Unsicherheit im Hinblick auf die neuen Aufgaben beruht nicht selten auf unbewältigter Vergangenheit. Über die Probleme finanzieller Art hinaus hat es etwa auch mit der Erfahrung zu tun, gescheitert zu sein. Der Druck, Geld zu verdienen, um die aufgelaufenen Verbindlichkeiten zu bedienen, lässt oft kaum Zeit zum notwendigen Nachdenken und Umdenken.

Nicht nur bei Brot ist die Entscheidung für die Tätigkeit eines selbständigen Handelsvertreters eine Art Notwehr, eine besondere Weise der Nach-vorne-Verteidigung, die die eigenen Reserven restlos aufbraucht. Aus der Tretmühle, in die er dabei geraten ist, sieht er keinen Ausweg.

In dieser Phase entwickelt sich die permanente psychologische Bearbeitung durch ABT & PARTNER, die in den Schulungen und Treffen gebetsmühlenartig wiederholte Gehirnwäsche zu einem tragenden, gleichwohl labilen Gerüst des Umgangs mit sich selbst: »Du kannst alles erreichen, wenn du es nur willst.« »Tu, was alle tun, erfinde das Rad nicht neu.« Zunehmend ersetzen ABT & PARTNER-Implantate das eigene Denken und blockieren die unvoreingenommene Wahrnehmung.

Nicht wenige Kollegen von Brot sind auf ihre tägliche Dosis Autosuggestion angewiesen, die sie sich bevorzugt mit Hilfe von Audiokassetten verschaffen: »Du bist gut, voller Güte und tust nur Gutes. Stelle dir vor, wie du deinen Kunden anrufst und wie der sich auf die Begegnung mit dir freut. Stelle dir intensiv vor, wie dein Kunde den vorbereiteten Vertrag unterschreibt. Stelle dir vor, dass du einen glücklichen Kunden verlässt, der sich freut, dir zehn Empfehlungen zu geben. Stelle es dir doch einfach nur vor – und blamiere dich täglich.«

Entgegen der mit dem Selbständigendasein verknüpften Wunschvorstellung, selbst das eigene Glück in die Hand zu nehmen, gibt man gerade das preis: Selbständigkeit und Glück. Die Selbständigkeit der ABT & PARTNER-Vertreter ist in jeder Hinsicht bloßer Schein.

Bundes- und Landesregierungen, Arbeitsämter und kommunale Einrichtungen legen gigantische Programme zur Förderung der Selbständigkeit auf. Sie fördern Existenzgründerzentren, richten Wirtschaftsstäbe ein, und selbst die Arbeitsämter geben finanzielle Starthilfe für die ersten sechs Monate. Allerdings scheint keiner über die soziale und psychologische Dimension der Selbständigkeit von freien Handelsvertretern und Subunternehmern mit ihren zahlreichen Auswüchsen wie den Drückerkolonnen nachzudenken. Vorsichtig geschätzt, dürfte es sich allein im Bereich der Finanzdienstleistungen um rund 60 000 Mitbürger handeln, die über keine rechtliche Vertretung, geschweige denn eine politische Lobby verfügen. Im Gegenteil, die vorhandene Lobby, die sich aus Hinterbänklern und Repräsentanten aus der ersten und zweiten Reihe der politischen Riegen zusammensetzt, befindet sich auf der anderen Seite, in den Aufsichtsräten der Finanzdienstleister.

Von ganz wenigen Ausnahmen, in der Regel ausgebildete Betriebs- und Volkswirte, abgesehen, haben sich die neuen Selbständigen nicht mit der Materie, mit der sie zukünftig ihren Lebensunterhalt bestreiten wollen, auseinander gesetzt. Und Sie haben auch keine wirkliche Beziehung zu den Chancen und Risiken einer selbständigen Existenz in diesem Bereich. Der Mangel an Erfahrung und Identität wird für sie zur Falle.

Schnell erweist sich die Hoffnung auf materielle Verbesserung als trügerisch, entpuppen sich die Versprechungen der Unternehmen als Seifenblasen, als Illusionen. Und je mehr Monate vergehen, desto schwieriger wird es für den Einzelnen, die tief reichenden Widersprüche aufzulösen. Nicht selten gesellt sich zur unbewältigten Vergangenheit des Einzelnen jetzt eine kaum noch verständliche, nur noch absurde Gegenwart.

Einmal mehr verschuldet – »die Kosten dafür müssen Sie vorstrecken« – und in immer spürbarerer Abhängigkeit von

ABT & PARTNER lässt Brot Dinge geschehen, die er bei sich nie für möglich gehalten hätte. Erträgt es zuzusehen, dass Unterschriften gefälscht, Kunden über den Tisch gezogen, in unnötige Abhängigkeiten und dubiose Geschäfte verwickelt werden. Wo kein Kläger ist, da ist halt auch kein Richter. In den juristischen Grauzonen des Kapitalmarkts, in dessen dunklen Kanälen Jahr für Jahr allein in Deutschland über 30 Milliarden Euro versickern, geht der Betrüger als Opportunist, der Lügner als Blender durch; selbst verurteilte Wirtschaftskriminelle werden angesehene Erfolgsautoren und begehrte Gäste von Talkshows.

Abgesehen von dem tatsächlichen fachlichen Input, sind die Hilfestellungen der Finanzdienstleistungsunternehmen für deren Mitarbeiter reine Makulatur. Die Heilsbotschaften werden zum Ersatz für die Notwendigkeit, sich mit dem eigenen Leben, dem eigenen Handeln auseinander zu setzen.

ERGEBNISSE LASSEN BROT ÜBERLEBEN

Gleichgültig, in welchem Ausmaß Brots Kunden über materielle Sicherheit verfügen und in welchem beruflichen und sozialen Umfeld sie sich befinden, sie haben die immer gleichen großen Sorgen um materielle Werte: das Einkommen, das Haus, die Altersvorsorge, den nächsten Urlaub, und sei es den in der Toskana. Diese Sorgen rangieren oft noch vor menschlichen Bindungen, wie die Rangfolge der Aufwendungen belegt. Statistiken belegen, dass in den meisten Haushalten mehr Geld für die Altersvorsorge, das Eigenheim, gar das Auto ausgeben wird als für den Partner, die Kinder, geschweige denn für andere.

Kein Wunder also, dass sich auch die Beziehungen in der

Regel ums liebe Geld drehen. Von Ausnahmen abgesehen erlebt Brot, dass auch das Scheitern von Ehen davon keine Ausnahme macht. Daraus ergeben sich allerdings wieder hervorragende Ansätze zur Vermögensberatung. Ein törichter Finanzberater, der da nicht zum Angriff übergeht.

Anfang April verkauft Brot seinen ersten geschlossenen Immobilienfonds. Diese werden in allen Schulungen als die beste aller Möglichkeiten der langfristigen Geldanlage propagiert – als die sicherste, da aus Stein, und als die renditeträchtigste, da mit den größten Steuervorteilen verbunden. Beyer ist darüber, dass sein Mitarbeiter Brot einen so potenten Kunden gefunden hat, völlig aus dem Häuschen. Nach dem Abschluss wippt, hüpft der dicke große Mann geradezu vor Freude. Mehr aus eigenem Antrieb als aus der Verpflichtung ABT & PARTNER gegenüber posaunt er seinen Erfolg in alle Welt hinaus. Jeder, der ihm über den Weg läuft, wird angesprochen: »Lieber Herr Dr. Pfeil, raten Sie doch einmal, was wir am Wochenende gemacht haben?« »Keine Ahnung, aber Sie werden es mir sicher erzählen«, antwortet Dr. Pfeil erwartungsgemäß. Beyer, strotzend von Stolz, mit piepsiger, singsanggleicher Kinderstimme: »Wir haben einen Immofonds von 80 000 Euro verkauft. Das sind 600 Einheiten.«

Brot fühlt sich alles andere als wohl. Derjenige, dem er diese Anlage verkauft hat – natürlich mit Beyers Unterstützung und auf dessen Anraten hin –, ist beinahe ein Freund von ihm. Diese Anlageart wird besonders gerne Lehrern und anderen Beamten verkauft; denn durch ihr gesichertes Einkommen bieten sie ein hohes Maß an Finanzierungssicherheit. Brot hingegen, der selbst noch nie mit gravierenden steuerlichen Problemen in Berührung gekommen ist, bleibt sie fremd.

Bei näherer Betrachtung der Qualität dieser Art von Anlagen wird Brot im Laufe seiner Beratertätigkeit deutlich, dass sie so hohe unwägbare Risiken bergen, dass die Verkaufsstrategie – ein Höchstmaß an Sicherheit zu bieten – geradezu paradox ist. Zu diesem Zeitpunkt ist ihm das allerdings noch nicht klar, und er muss sich in der Beratung seines Bekannten ganz auf Beyer verlassen. Wichtiger als seine Provision ist ihm immer noch, seine Kunden fachlich einwandfrei zu beraten. Daher befragt er Beyer immer wieder, ob das auch wirklich eine gute Sache ist. Beyer nimmt sich dieses Mal viel Zeit, ihm und seinem Kunden immer wieder mit allen ihm zu Gebote stehenden Mitteln die bekannten Vorteile zu dokumentieren.

Zum Glück verfügt sein Kunde nicht nur über ein vernünftiges Einkommen, sondern besitzt auch sonst Voraussetzungen, die es unwahrscheinlich machen, dass er so schnell in eine finanzielle Schieflage kommt. Nur ein halbes Jahr nach der Unterschrift gerät diese Beteiligung, ein so genannter Dreiländerfonds, erheblich in die Kritik. Verbrauchermagazine prangern nicht nur Pleiten einzelner Objekte, sondern auch die Vertriebsmethoden von ABT & PARTNER an. Die Beteiligungen sind jetzt nicht einmal mehr die Hälfte wert. Das Geld ist futsch.

Zur Zeit dieses und wenig darauf auch noch eines weiteren Abschlusses, den Brot fast alleine über die Bühne bringt, muss sich Beyer zur Übernahme einer Bürgschaft für Brot durchgerungen haben. Brot erhält nämlich erstmals eine halbwegs vernünftige Überweisung in Höhe von 1500 Euro, die er in den kommenden drei Monaten regelmäßig beziehen soll. Vergeblich reklamiert Brot, dass er mit Beyer eigentlich 2000 Euro ausgehandelt hat.

DIE NÄCHSTE STUFE:
ANWERBUNG NEUER MITARBEITER

Kaum hat Brot die ersten größeren Abschlüsse vorzuweisen, zündet ABT & PARTNER die nächste Stufe seines Handels mit Illusionen: Nun soll der Mitarbeiter, der sich selber immer noch als Neuling in der Branche und im Unternehmen fühlt, schon dafür fit gemacht werden, wiederum neue Mitarbeiter anzuwerben und als erfolgreiche ABT & PARTNER-Handlanger heranzuziehen, an denen er dann fleißig mitverdient.

Dass das Seminar für angehende Finanzberater unter mediterraner Sonne ein Muss ist, ist genauso klar wie bei allen anderen Seminaren zuvor. Einzige Voraussetzung für die Teilnahme ist das Erreichen von 1500 Einheiten und natürlich der Unkostenbeitrag. Für lächerliche 1200 Euro gibt es Flug, Halbpension und Training. Sechs Tage Saint-Tropez, zumal in der Nebensaison, scheinen allen anderen, die sich anstrengen, die raren Teilnehmerplätze zu ergattern, fast geschenkt.

Brot sieht das anders und macht deutlich, dass er das großzügige Geschenk nicht annehmen will, vorgeblich, um sich nicht weiter zu verschulden. Wenigstens Beyer ist Brots Situation geläufig. Den anderen scheint die forcierte Selbstausbeutung gleichgültig zu sein. Da alle anderen im Elitekurs verbliebenen Teilnehmer mitfliegen wollen, wird er von den Kursleitern nicht mehr für voll genommen: »Wenn Sie an diesem Seminar nicht teilnehmen, ist Ihnen nicht zu helfen. Das ist eine einzigartige Chance, die besten Trainer aus ganz Deutschland kennenzulernen.«

Beyer, wieder einmal von Bösser unter Druck gesetzt, bedrängt ihn einen Ton leiser: »Herr Brot, das müssen Sie mitmachen. Sie können doch nicht zur Elite gehören und das beste Seminar von ABT & PARTNER verpassen. Nach diesem Seminar vervielfachen Sie Ihr Einkommen. Diese Investition muss sein.« Dennoch bleibt Brot standhaft. Bössers Druck auf Beyer verstärkt sich. An diesem Freitag kommt es zu einem Streit zwischen den beiden, der trotz geschlossener Türen nicht zu überhören ist und in dessen Verlauf Bösser seinen Zulieferer Beyer fast anschreit: »Wie Sie das machen, ist mir egal, aber der Brot muss mit.«

Brot wartet ab, zu tun hat er genug, Urlaub ist jetzt nicht drin, schon gar nicht, wenn er ihn sich nicht leisten kann. 1000 Einheiten in diesem Monat zu schreiben, keine Schulden zu machen, zum Jahresende seine Schulden begleichen zu können, das sind seine Ziele.

Zwei Tage nach der lautstarken Auseinandersetzung wird Brot am späten Abend angerufen, Beyer ist am Apparat: »Herr Brot, ich habe noch einmal mit Herrn Tolp über Ihren Fall gesprochen. Er ist bereit, Ihnen das Geld vorzuschießen, sagen wir mal, für einen Monat. Was sagen Sie dazu, ist das nicht fabelhaft?«

Brot denkt, dass die alle nicht mehr ganz richtig ticken. Wenn er jetzt das Geld nicht hat, wie soll das denn in einem Monat aussehen, wenn, solange er in Saint-Tropez weilt, keine Provisionen fließen. Er lehnt dankend ab. »Jetzt kann ich Sie aber wirklich nicht verstehen«, empört sich Beyer und ergänzt: »Ich mühe mich für Sie die ganze Zeit ab und spreche sogar mit unserem Direktor über Sie, der gewiss Besseres zu tun hat, aber Sie kommen mir keinen Schritt entgegen.«

Wenige Tage später, beim obligatorischen wöchentlichen persönlichen Gespräch, eröffnet ihm Beyer: »So, mehr kann ich nicht für Sie tun. Die letzte Möglichkeit, und ich

Geschlossene Immobilienfonds

Die Beteiligung an einem geschlossenen Immobilienfonds stellt ein unternehmerisches Engagement bezüglich einer oder mehrerer Immobilien dar. Damit befindet sich der Anteilseigner von Beginn an in der Höhe seiner Beteiligung im gleichen Risiko, als ob er eine eigene Immobilie finanzieren würde. Die Möglichkeiten der steuerlichen Abschreibung entsprechen denen der Finanzierung einer fremdgenutzten Immobilie. Die Wertentwicklung der Beteiligung entspricht in der Regel der von Immobilien und ist abhängig von der Lage, der Nutzung und Auslastung. Da die Mieterträge tragender Bestandteil jeder Finanzierung einer fremdgenutzten Immobilie sind, bedeutet eine leerstehende Immobilie nicht mehr und nicht weniger als geschäftlicher Ruin. Verständlicherweise lassen sich solche Immobilien, genauso wenig wie Anteile davon, auch kaum verkaufen. Allerdings gibt es bestimmte Handelsplätze, auf denen diese Beteiligungen gehandelt werden. Der durchschnittlich höchste Preis, der dort für eine Beteiligung gezahlt wird, liegt bei 60 Prozent, weit weniger ist üblich. Dazu kommt, dass der Steuervorteil, der in der Regel von den Vertretern als wesentliches Kriterium bei der Beratung in den Vordergrund gestellt wird, bei Veräußerungen innerhalb der Spekulationsfrist von zehn Jahren wieder zurückgezahlt werden muss. Zusammenfassend lässt sich sagen, dass Beteiligungen dieser Art hochspekulativ sind und allenfalls einen kleinen Teil der Vermögensbildung bzw. -sicherung ausmachen sollten. Wie bei einer Immobilienfinanzierung muss die langfristige Sicherheit der Tilgungs- und Zinszahlungen gewährleistet sein. Eine Garantie für die Auslastung sowie die prognostizierten Wertsteigerungen gibt es nicht.

stelle mich dabei als Bürge zur Verfügung, ist, dass Sie das Geld im Laufe des Jahres in Raten zurückzahlen – ist das ein Wort?«

Für Brot ist der Ausgang dieser Auseinandersetzung wenig befriedigend; denn seine Verbindlichkeiten sind so hoch, dass er ernsthaft keine zusätzliche Belastung verantworten kann. Feilschend einigt er sich mit Beyer auf eine Rückzahlung in zehn Raten à 120 Euro.

Endlich sind alle wieder glücklich. Beyer strahlt, Bösser trägt sein »Na-also-es-geht-doch«-Gesicht zur Schau, und auch die Kollegen freuen sich, dass in dieser Sache endlich wieder Ruhe einkehrt.

Am Frankfurter Flughafen, kurz bevor die rund fünfzigköpfige Gruppe, wie gewünscht »in gehobener Freizeitkleidung«, in Richtung Côte d'Azur abfliegen will, passiert Brot ein Faux-pas. In der Abflughalle bemerkt er, wie es sich ganz offensichtlich ABT & PARTNER-Mitarbeiter in geselliger Runde bei Sekt gut gehen lassen. Unter ihnen erkennt er unter anderen den Vertriebschef Esser. Na wenn schon, denn schon, denkt sich Brot und gesellt sich zu der Runde.

Gerne nimmt Brot ein Glas Sekt an, das ihm von einem Kellner angeboten wird, und prostet Esser unübersehbar zu. Der bildet den Mittelpunkt eines Halbkreises ins Gespräch vertiefter Geschäftsleute. Da Brot die besten Trainer Deutschlands angekündigt waren, glaubt er, dass auch Esser einer seiner Trainer sein wird. Da, meint er, kann es doch nicht schaden, sich schon mal bekannt zu machen.

Das Lächeln von Esser, der eben noch weltmännisch gestikulierend mit seinen Untertanen scherzte, gefriert. Als er Brot fixiert und von oben bis unten mustert, drehen sich alle zu ihm hin. »Was wollen Sie?«, fragt er. Brot stellt sich vor, ein wenig unbeholfen und deshalb vielleicht eine Spur zu witzig. Esser wendet sich zu seinem nächsten Nachbarn und raunt ihm etwas zu. Gleich gibt der die Botschaft an einen anderen Schwarzkittel weiter, der auf Brot zukommt und ihn zur Seite nimmt. »Sie gehören sicher auch zu ABT & PARTNER, aber in eine andere Gruppe. Hier sind nur die ›Goldbarren‹. Suchen Sie doch mal Ihre Gruppe, hier sind Sie falsch.«

Das Touristenhotel, das der Elite Herberge und Schulungsstätte für weiteren Schliff sein soll, befindet sich rund 60 Kilometer von Saint-Tropez entfernt. Immerhin liegt es direkt am Meer und hat sogar einen eigenen Strand. Brot beschließt, die Tage dort zu genießen.

Die Schulungen dauern von neun Uhr morgens bis sechs Uhr abends. Brot ist ja nicht zum Spaß hier. Zwei Stunden Pause zwischen ein und drei Uhr mittags. »Da dürfen Sie machen, was Sie wollen«, meint Direktor Tolp.

Tagsüber verhält sich Brot, wie es sich gehört, zumal er ja auch einen Nutzen aus den Veranstaltungen ziehen und sich weiterbilden will. Daher ist er aufmerksam, macht sich viele Notizen und freut sich, in den Arbeitsgruppen Trainer kennenzulernen, die, im Gegensatz zu den Frankfurtern, fähiger, vor allem aber auch ein wenig unterhaltsamer und nicht so engstirnig sind.

Neben Verkauf und Empfehlung steht das Thema Mitarbeitergewinnung im Zentrum der Veranstaltung. Die Zielsetzung ist deutlich: Sie werden nur erfolgreich, wenn Sie andere Menschen für sich arbeiten lassen. Multiplizieren Sie sich und bauen Sie eine eigene Organisation auf!

Brot lernt, wie Kunden dazu gebracht werden, über die vereinbarten Empfehlungen hinaus weitere Namen zu nennen. Das Verfahren ist simpel und effektiv. Brot muss sich nur seine Kunden vornehmen, die bei ihm jüngst eine Berufsunfähigkeitsversicherung, eine Lebensversicherung oder einen Sparplan mit monatlichen Raten über 100 oder mehr Euro abgeschlossen haben. Wenig später wird Brot diese Kunden anrufen und fragen, ob alles in Ordnung ist; etwa, ob die Police angekommen ist oder sich der Hund von seinem Schnupfen erholt hat. Da falle ihm plötzlich ein, er habe völlig vergessen, seinem Kunden mitzuteilen, dass er ja selbst für die Prämien der Versicherung aufkommen wolle. Der Kunde ist natürlich verblüfft, glaubt, nicht richtig verstanden zu haben, und fragt nach.

Daraufhin erklärt Brot, dass sein Kunde durchaus richtig gehört habe, und er fragt ihn, ob er sich das gefallen ließe, wenn Brot die Prämienzahlungen übernehmen würde. Da seinem Kunden wahrscheinlich noch der rechte Glaube fehlt und er sich kaum einen Reim auf das Gesagte machen kann, schlägt Brot vor, ihn noch einmal zu besuchen: »Um Ihnen zu zeigen, wie Sie die Prämie für die neue Versicherung einsparen können.« Der Termin ist in der Regel schnell vereinbart.

Während des nächsten Besuches wird Brot zunächst noch einmal alle Vorteile seiner Beratung anführen oder, wenn er es ganz besonders klug anstellt, seinen Kunden die Vorteile selbst aufzählen lassen.

Das, was dem Kunden am besten gefallen hat, wird jetzt in den Mittelpunkt gestellt. Dabei ist es völlig gleichgültig, ob es sich um die Verbesserung der Altersvorsorge, die bessere Ausnutzung staatlicher Zuschüsse oder was auch immer gehandelt hat, Brot wird ihn fragen, ob er noch jemand anderen kennt, für den das ebenfalls in Frage kommt. »Aus unserer Erfahrung wissen wir nämlich, dass jeder dritte, den wir ansprechen, sich freut, wenn wir seine finanziellen Angelegenheiten verbessern können. Um konkret zu werden, Sie erhalten für jede Wirtschaftsberatung, die auf Grund Ihrer Empfehlung zustande kommt, von mir 100 Euro bar auf die Hand. Würde Ihnen das gefallen, anderen etwas Gutes zu tun und selbst dabei noch zu verdienen?«

Wenn der Kunde jetzt grundsätzlich zustimmt, womöglich schon an jemanden denkt und aus irgendeinem Grunde meint, dass das Ganze auch einen finanziellen Reiz hat, dauert die Sitzung länger. Da den meisten nicht mehr als zwei oder drei Namen einfallen, muss man ihnen ein wenig auf die Sprünge helfen.

Genau wie schon bei der Datenerhebung hilft Brot seinem Kunden jetzt, richtig zu assoziieren, so genannte Assoziationsketten zu bilden – exakt so, wie Beyer einst mit Brot verfahren ist. Das Ganze muss doch rund werden. Wessen Altersvorsorge könnte noch nicht gesichert sein, wer baut gerade, wer hat Kinder, wer geht zusätzlich arbeiten oder konkreter: Mit wem gehen Sie denn zusammen zu Tisch, mit wem spielen Sie Fußball, Tennis, mit wem würden Sie am liebsten verreisen und wen würden Sie noch mitnehmen. Bis da 40 oder 50 Namen zusammenkommen, vergeht einige Zeit. Meistens – da der Vertreter ja auch ein wenig unter Zeitdruck steht, wie er beiläufig anmerkt – einigt man sich darauf, dass er die ersten 50 Namen schon einmal mitnimmt und der Kunde, am besten mit seiner Frau, die fehlenden Namen bis zum nächsten Mal ergänzt.

Brot, nach den ABT & PARTNER-Kriterien noch nicht einmal Finanzberater, lernt, dass es nicht nur vielfach klüger ist, Mitarbeiter zu rekrutieren, sondern auch, dass es kinderleicht ist, neue Mitarbeiter zu finden, denn, so Tolp, Bösser und Beyer unisono: »Wir wissen, dass rund 70 Prozent aller Berufstätigen sofort etwas anderes machen würden, wenn Sie die Chance dazu erhielten. Fragen Sie die Leute doch nur, was für sie wichtig ist. Bei uns finden sie, was sie wollen. Was wollen denn die Menschen? Genügend oder mehr Geld, flexible Arbeitszeiten, Spaß, Teamfähigkeit, Unabhängigkeit und einen krisensicheren Arbeitsplatz. Was es auch ist, bei uns finden sie alles!«

Zum Aufbau einer eigenen Organisation braucht Brot vor allem Mitarbeiter. Nein, nicht einmal die, Interessenten genügen. Das Konzept-für-Profis und die Angliederung an das Brot'sche Unternehmen besorgt dann ABT & PARTNER. Die Mitarbeitergewinnung ist ein Kinderspiel, genauso wie Kunden zu gewinnen; Mitarbeiter sind nur lukrativer, machen wirklich reich. In der Nähe von Saint-Tropez wird Brot gut gerüstet für den dritten, vierten und fünften Weg zu seinen Kunden:

»Guten Tag, lieber Kunde, sagen Sie doch einmal, haben Sie die Planungen für Ihren Jahresurlaub schon abgeschlossen? Schön, wo soll's denn hingeben? Sagen Sie mal, etwas ganz anderes, hätten Sie was dagegen, wenn ich Ihren Urlaub finanziere? Würden Ihnen 1500 Euro reichen oder brauchen Sie mehr?«

»Wie soll denn das gehen?«

»Das zeige ich Ihnen gerne, passt es Ihnen besser in dieser oder in der kommenden Woche?«

Wieder wird Brot zu seinen Kunden gehen und jetzt mit ganz anderen Summen locken. Zudem wird er versprechen, alle ihre Kollegen, Sportsfreunde und Verwandten diesmal wirklich glücklich zu machen.

Brot lernt, nach der gleichen Methode wie bei der Datenerhebung, der Suche nach neuen Kunden und der Besorgung von Empfehlungen vorzugehen. Zunächst wird er Vorteile, die die Zusammenarbeit mit ABT & PARTNER verschafft, wiederholen, oder, besser noch, sich von seinem Kunden wiederholen lassen. Dann wird er die auf Grund der Anzeigen- und Fernsehwerbung und der vielfachen Empfehlungen ungeheuer große Nachfrage nach Beratung ins Feld führen, die ihn persönlich überlaste. Brot stellt in Aussicht, dass ABT & PARTNER ein neues Büro, eine neue Geschäftsstelle eröffnen werde.

Schließlich sucht man dafür, gleichsam händeringend, geeignete Mitarbeiter. »Schlimm ist«, bedauert Brot, Stammtischparolen übernehmend, »dass sich auf die 3000 Euro teuren Stellenanzeigen immer nur Arbeitslose melden, die hohe Ansprüche stellen und erwiesenermaßen letztlich nur in Ausnahmefällen geeignet sind.« Deshalb habe er, Brot, sich gedacht, bevor er das nächste Mal für eine wenig erfolgversprechende Annonce zwei- oder dreitausend Euro ausgebe, das Geld besser, nämlich bei seinen Kunden anzulegen.

»Denn«, schmeichelt Brot seinem Kunden, »Sie stehen doch mitten im Leben, sind erfolgreich und leben in einem entsprechend erfolgreichen sozialen Umfeld. Glauben Sie, dass es unter Ihren Kollegen nicht den ein oder anderen gibt, der gelegentlich im Stellenmarkt blättert, einfach nur, um mal zu überprüfen, was er so auf dem Markt wert ist, oder auch weil er sich überlegt, einmal etwas ganz anderes zu machen? Vielleicht sucht gerade Ihr Kollege eine neue Aufgabe oder eine Führungsposition. Können Sie das ausschließen?«

»Nein, das kann ich mir schon vorstellen.«

»Sehen Sie, wir wissen, dass rund 70 Prozent aller Berufstätigen von heute auf morgen den Arbeitgeber wechseln würden, wenn es nur etwas gäbe, das ihren Ansprüchen gerecht wird. Bei dem einen ist es der Wunsch nach mehr Geld, bei dem anderen der Wunsch nach mehr Freizeit, ein dritter wünscht sich mehr Verantwortung, ein vierter legt Wert auf ein motiviertes, gutes Team. Bei einem anderen kommt alles zusammen. Im Einzelnen können wir das natürlich nicht wissen, wir wissen nur, dass es generell so ist.

Jetzt stellen Sie sich doch nur einmal vor, Sie könnten so einem, zum Beispiel einem Ihrer Kollegen die Chance geben, seinen Weg zu finden, fänden Sie das nicht gut?«

»Doch.«

»So, und wenn ich Ihnen jetzt sage, dass mir Ihre Empfehlung bis zu 3000 Euro wert ist, dann würde es doch Sinn machen, sich einmal ein paar Minuten darüber Gedanken zu machen, für wen das Ganze interessant ist, wer dafür in Frage kommen könnte, einverstanden?«

»Hört sich gut an, aber da fällt mir jetzt niemand ein.«

»Prima, dann lassen Sie uns doch einmal gemeinsam überlegen, denn es ist ja auch so, dass nicht wirklich jeder für einen so spannenden Beruf in Frage kommt und ABT & PARTNER sich die Leute genau ansieht, in die sie rund 30 000 Euro für eine universitäre Ausbildung investieren. Wer in Ihrem Bekanntenkreis hat denn eine kaufmännische Ausbildung oder einen kaufmännischen Beruf? Besser noch, wer arbeitet bei einer Bank, Versicherungsgesellschaft oder im Handel?«

Hat der Kunde erst einmal begonnen, einen Namen zu nennen, hilft ihm Brot anschließend die Brücken zu seinem gesamten Umfeld zu bauen: »Denn Sie können ja die geheimen Gedanken Ihrer Kollegen nicht kennen, was wissen Sie, ob sich unter denen nicht einer befindet, der sich zu ganz neuen Ufern aufmachen will, stimmt's?«

Brot beteuert, dass nach seiner Erfahrung im Beruf oder in ihrer Freizeit erfolgreiche Menschen besonders gut für den Beruf des Finanzberaters geeignet sind, und fragt: »Wer hat denn schon Führungsaufgaben, wer ist im Sport erfolgreich, wer arbeitet als Trainer, Ausbilder, wer hat kommunikative Fähigkeiten, fügt sich gerne ins Team ein, wer hat soziale Kompetenz?« Die Assoziationsketten sind näherungsweise unendlich. Letztlich kommt wieder jeder in Frage, auch derjenige, der sich nur etwas dazu verdienen will, der gerade baut, bauen will, sich ein neues Auto gekauft hat, der Verbindlichkeiten oder einen großen Traum hat.

Selbstverständlich wird Brot auch nicht vergessen, mit der 30 000 Euro teuren universitären Ausbildung zum IHK-geprüften Finanzberater und den unbegrenzten Verdienstmöglichkeiten zu locken.

Je nach Standard müssen sich die ABT & PARTNER-Vertreter für die Akquisition neuer Mitarbeiter mit Folien, Präsentationsmappen, speziellen CDs oder Filmmaterial ausstatten. Ob auf Papier oder Zelluloid – das IHK-Zertifikat einer betriebswirtschaftlichen Ausbildung und Prüfung wird als Gütesiegel immer präsentiert. In Wirklichkeit allerdings gibt es weder einen Zuschnitt auf diese Ausbildung noch eine Zusammenarbeit mit den Industrie- und Handelskammern und keinerlei logistische Hilfen für den Fall, dass ein Mitarbeiter die persönliche Entscheidung treffen würde, sich auf diese Prüfung vorzubereiten. Im Gegenteil,

ABT & PARTNER rät seinen Mitarbeitern intern dringend ab davon, derlei Ansinnen zu verfolgen. Öffentlich wird allerdings stets die Forderung nach einer staatlich anerkannten Ausbildung und Prüfung für Finanzberater propagiert.

LA VIE EN ROSE

In Saint-Tropez schulen Leute, die es bei ABT & PARTNER zum Büroleiter und Direktor gebracht haben – mithin diejenigen, die schon über 20 000 Euro im Monat verdienen. Nicht mehr die armen Teamleiter, die täglich fürchten, schon wieder von der ersten Karrierestufe herunterzupurzeln.

Entsprechend verheißungsvoll ist das Freizeitprogramm der Schulung. Abends, einmal mit Bussen, ein anderes Mal mit Taxen nach Saint-Tropez chauffiert, dürfen die Teilnehmer am Reichtum und der Verheißung des Erfolges schnuppern. Im Zentrum der Schönen und Reichen flaniert man in Gruppen, maximal zehn Teilnehmer pro Büroleiter, vorbei an den Schaufenstern edler Boutiquen. Klamotten von Gucci, Yves Saint Laurent, Dior wecken Begehrlichkeiten.

Bösser trifft ins Schwarze: »Na, Knoll, wär das gelbe Sakko da drüben nichts für Sie? Vielleicht finden Sie hier endlich mal was, das auch Ihnen passt.« Bei Knolls Begabung für Übergrößen hat Bösser die Lacher auf seiner Seite. »Aber«, unterbricht Bösser die Schadenfreude, »macht mal halblang, Leute, das gilt natürlich für jeden anderen auch.« Bösser, der Brot spöttisch, mit gnädig herablassendem Schalk im Auge fixiert, ergänzt für alle lauthals: »Diese 2000 Euro für das Sakko wären eine exzellente Investition. Sie glauben doch nicht im Ernst, dass jemand, der Kohle hat, sein Geld zu einem armen Schlucker trägt. Denen müssen Sie zeigen, dass es Ihnen glänzend geht.

Na gut, Sie sind jetzt nicht gerade darauf vorbereitet. Da will ich heute mal einen Anfang machen, damit Sie sich bald wie Menschen fühlen. Freitag, Knoll und Schrot, kommen Sie mal mit und suchen sich endlich mal vernünftige Krawatten aus.«

Wenig später, die anderen schlucken ihren Neid herunter, hat Bösser alle drei mit Krawatten von Dior versorgt.

Im Yachthafen, vorbei an teuer gekleideten Frauen, an Maseratis und Ferraris, sucht sich jeder sein eigenes Traumschiff aus. Bössers Bemerkungen und Anregungen ergeben sich spielerisch und sind beinahe überflüssig. Zu stark, zu beeindruckend ist die Flut von Reizen, die, zum Greifen nah, Sehnsüchte wecken: »Stellen Sie sich vor, wohin und mit wem Sie segeln wollen. Nur nebenbei, unser Chef hat eine eigene Insel in der Südsee. Setzen Sie sich Ziele.«

Draußen, vor den Türen nobler Bars, gibt's dann auch – natürlich auf Kosten von Bösser – Bier. Nicht nur Bösser scheint da zu sein, wo er hingehört – in einer Welt, die glitzert, einer Welt, die swingt, einer Welt, in der dir alle Türen offen stehen. Viele fühlen sich hier wohl, eigentlich gehören sie alle hierhin.

Weit nach Mitternacht schwingen sich alle in Taxen, um den zauberhaften Abend in luxuriösen Bars mit exotischen Cocktails – ein Getränk geht auf Kosten der Büroleiter – ausklingen zu lassen. Es wird viel und laut gelacht. Immer noch in gehobener Freizeitkleidung und mit der – natürlich spendierten – teuren Zigarre im Mundwinkel.

Am nächsten Tag sind fast alle wieder pünktlich beim Unterricht. Wer Feste feiern kann, kann auch feste arbeiten. Die beiden, die sich krank gemeldet haben, tauchen erst abends wieder auf. Alle anderen erwartet am Nachmittag, gleichsam zur Ausnüchterung, weitere Zurüstung für die eigentlichen Zielgruppen – diejenigen, die es schon zu Vermögen gebracht haben.

Um den Reichen auf gleichem Niveau begegnen zu können, muss der Berater natürlich auch um deren Nöte, deren Handicaps wissen. Also steht als nächstes ein Ausflug zu einem Golfclub auf dem Programm. Bis auf die Büroleiter kennt die Elite diesen Sport allenfalls via TV. In traumhaft schöner Umgebung, weit weg von aller Last, allen Sorgen und Mühen, bekommt jeder einen kleinen Plastikeimer, randvoll mit Bällen, die er unter Anweisung eines Trainers abzuschlagen lernt. Brot findet, Golfen hat was. Gerne verfolgt er den Flug der kleinen Bälle, die mit zunehmender Übung immer weiter fliegen. Am Horizont blinkt glitzernd das Meer.

Den krönenden Abschluss des Tages bildet ein gemeinsames Abendessen mit Esser. Brot kennt ihn schon als wortgewaltigen Hauptredner bei ABT & PARTNER-Veranstaltungen und als den arroganten »Kollegen« vom Flughafen. Bösser verkneift es sich nicht, seinen Schützlingen vor dem denkwürdigen Abend nützliche Verhaltensmaßregeln mit auf den Weg zu geben: »Wenn Sie Glück haben, setzt sich Esser zu Ihnen an den Tisch, aber dann rate ich Ihnen, passen Sie auf, was Sie sagen. Der merkt sich jedes Gesicht.«

Während bei dem einen oder anderen eine gewisse nervöse Anspannung nicht zu übersehen ist – Radenkovic freut sich auf die Begegnung wie ein Kind auf den Heiligen Abend –, bleibt Brot sehr gelassen.

ABT & PARTNER lässt sich nicht lumpen. Ort und Restaurant sind erster Klasse – ganz so, wie es sich für ein Gipfeltreffen der Elite gehört. Namen von Stars und Sternchen, von Größen des Showbusiness werden gehandelt. Kaum einer der oberen Zehntausend, der hier nicht schon ein und aus gegangen ist.

Ein strahlender Esser und seine zauberhafte Gattin bitten zum Empfang. Links und rechts von ToIp und Bösser flankiert, hat Esser sich zum Defilee positioniert. Wie bei einem Neujahrsempfang erweist ihm die Elite Reverenz. Alles ist schön, alle sind glücklich, selbst die zahlreichen in Weiß livrierten Hotelangestellten scheinen vor Freude zu strahlen.

Brot, dem süßen Leben nicht abgeneigt, nimmt gerne alles mit, was der Abend ihm bietet. Das Flair, die kulinarischen Reize, das Geplauder und nicht zuletzt den schweren Wein.

Plötzlich, für Brot völlig unvermittelt, drängt alles zum Aufbruch. Taxen fahren vor. Wieder ist das Ziel eine Edeldiskothek. Doch Brot ist mit seinen Gedanken woanders und leistet sich ein eigenes Taxi, um sich zu seinem rund 50 Kilometer weit entfernten Hotel fahren zu lassen.

DIE EIGENE ORGANISATION

Zurück in Frankfurt, im Alltag der Schulungen, zahlloser Telefonate, Datenerhebungen mit mageren Ergebnissen und permanentem Druck, kreisen Brots Gedanken mehr und mehr darum, Mitarbeiter anzuwerben und seine eigene Organisation aufzubauen.

Beyer fordert und fördert Brots diesbezügliche Anstrengungen auf nachdrückliche Weise. Brot gibt zu bedenken, dass er nach den Kriterien des Unternehmens noch nicht einmal Finanzberater ist: »Machen Sie sich mal keine Gedanken über deren Ausbildung, Sie sollen doch nur die Leute bringen«, verlangt Beyer. »Ich bilde Ihre Mitarbeiter aus, und jeder Euro, den die verdienen, wird Ihnen gut geschrieben. Verlassen Sie sich darauf, ich sorge dafür. Sie wissen doch, dass Sie sich auf mich verlassen können.« Wie sehr Brot sich auf seinen Vorgesetzten verlassen kann, wird er bis zum Ende seiner Karriere bei ABT & PARTNER immer wieder leidvoll erfahren.

Auch wenn Brot in Saint-Tropez darauf trainiert wurde, von Kunden Empfehlungen zu besorgen, hat er erhebliche Skrupel, davon jetzt schon Gebrauch zu machen. Denn, so denkt er sich, wenn das mit der eigenen Organisation überhaupt etwas werden soll, müssen diese Menschen ja auch zu ihm passen. Anders als Beyer sieht er keinen Grund, seinen zukünftigen Mitarbeitern etwas vorzumachen. Auch wenn er weiß, dass er das Rad nicht neu erfinden kann, hegt er die Illusion, dass Fairness, Redlichkeit und Klugheit ihn und seine Mitarbeiter ernähren sollten. Er glaubt sogar, dass ehrliches und lauteres Vorgehen letztlich nachhaltiger und erfolgreicher ist als die Methoden, die er bisher bei ABT & PARTNER kennen gelernt hat.

Hinzu kommt, dass Brot in einer kleinen Stadt lebt, in der beinahe jeder jeden kennt. Auch wenn er dort Betrug und Hinterlist, Seilschaften und Kastendenken erlebt – die Basis seiner wirtschaftlichen Zukunft soll anders aussehen.

Zunächst trifft er sich mit den Akademikern unter seinen Bekannten – Biologen, Geografen, Sozialpädagogen –, von denen er weiß, dass sie in ihren angestammten Berufen nur geringe Aussichten haben. Es gelingt ihm sogar, den ein oder anderen zur Teilnahme an einem Auswahlverfahren zu überreden. Aber wie es der Teufel will, seine Bekannten riechen, spüren, welche enormen Herausforderungen auf sie zukommen würden und schrecken davor zurück. Andere werden durch Warnungen von Bekannten abgehalten, sich auf ABT & PARTNER einzulassen.

Brot muss sich also nach anderen Leuten umsehen, nicht wirklich überzeugt von den Fähigkeiten derer, die er jetzt anspricht:

Klingeling.

»Meier.«

Brot: »Brot, Jürgen Brot, Guten Tag Herr Meier. Spreche ich mit Herrn Ernst Meier persönlich?«

Meier: »Ja, worum geht es?«

Brot: »Schön, dass ich Sie gleich persönlich am Apparat habe. Herr Meier, von Ihnen erzählt man mir nur Gutes. Kürzlich hat man mir sogar erzählt, dass sie ein sehr begabter Trainer, erfolgreicher Ingenieur (oder was auch immer sind). Hat man Sie da richtig beschrieben?«

Entweder geht Herr Meier, geschmeichelt, direkt darauf ein und lobt sich nochmals selbst, oder er fragt nach, wer so etwas erzählt. Ganz gleich, wie es jetzt weitergeht, Brot fragt ihn irgendwann:

»Herr Meier, erlauben Sie mir mal folgende Frage, nur so vom Grundsatz her, was müsste denn gegeben sein, damit Sie ihre Talente, Erfahrungen in den Dienst eines anderen Unternehmens stellen?«

Meier kann nun die blühendsten Vorstellungen entwickeln, Brot wird in jedem Fall entgegnen:

»Das ist ja sehr interessant. Wenn Sie tatsächlich meinen, dass wir zu dem Ergebnis kommen, dass wir Ihre Anforderungen weitgehend oder ganz erfüllen, sollten wir uns dann nicht einmal kennen lernen?

Stellen Sie sich einmal vor, Sie würden in einem Team von Selbständigen arbeiten, in dem jeder den anderen unterstützt, wo Sie sicher sein können, dass Ihr Erfolg vom Erfolg des ganzen Teams abhängt. Stellen Sie sich ein Team vor, in dem es Spaß macht zu arbeiten. Würden Sie gerne in so einem Team arbeiten?«

»Ja.«

»Dann schlage ich vor, wir setzen uns einmal zusammen und überprüfen, wie Ihre Position in unserem Team aussehen würde, einverstanden? Passt es ihnen besser tagsüber oder am Abend?«

Fast neun Monate lang bemüht sich Brot vergeblich um den Aufbau eines eigenen Teams. Er macht alle Schulungen mit, wird genötigt, fünf Termine pro Woche mit Interessenten zu machen, und stolpert auf dem Weg zum Teamleiter von einer Elitetruppe in die andere. Die 1200 Euro für das Seminar in Saint-Tropez zieht man ihm trotz anderslautender Zusicherungen bereits nach vier Monaten in voller Höhe von seinen Provisionen ab. Seine Umsätze bleiben schwankend, in den 15 Monaten seiner Zugehörigkeit zu ABT & PARTNER erzielt er dreimal 1000 Einheiten. Der Rest ist nicht der Rede wert. Am Ende bleibt er auf der Vier-Euro-Stufe stehen.

Als Brot seine Prüfung zum ABT & PARTNER-Finanzberater besteht, hat er etwa 20 Bekannte, darunter auch einige Empfehlungen, durch das Assessment-Center von ABT & PARTNER geschleust. Drei davon sind hängengeblieben. Mit einer Kollegin hat er sogar schon 500 Einheiten erzielt.

Doch von dem Geld – natürlich für ihn reserviert – wird er nie etwas sehen. Das streicht Beyer alleine ein. Rückblickend hat Brot an die 2000 Telefonate geführt, um Kunden zu gewinnen, und etwa 400, um Mitarbeiter anzuwerben. Insgesamt hat er es auf rund 5000 Einheiten gebracht.

Zehn Monate vor dem Börsengang von ABT & PARTNER

stehen alle Mitarbeiter des Unternehmens unter ungeheurem Druck und ständiger Kontrolle. Wichtiger als der Umsatz ist jetzt, neue Mitarbeiter zu gewinnen; die unendliche Multiplikation scheint das Einzige, was noch zählt. Bösser, ohnehin selten erträglich, kennt keine Hemmungen mehr. Sein Umgangston entspricht dem eines Sklavenhalters. Er macht von der ganzen Palette seiner Druckmittel Gebrauch, droht vielen, die nicht die erwarteten Ergebnisse in der Akquisition neuer Mitarbeiter, wenigstens neuer Namen erfüllen, mit Rausschmiss.

Beyer bemüht sich immer noch um Brot und stellt ihm, da Brot inzwischen ja »eigene« Mitarbeiter habe, die Eröffnung eines eigenen Büros in Aussicht. Brot jedoch hat sich innerlich bereits von ABT & PARTNER verabschiedet. Seine materiellen Sorgen sind in den letzten eineinviertel Jahren im Endeffekt nur größer geworden, Fuß gefasst hat er bei ABT & PARTNER trotz seiner zeitweiligen Erfolge eigentlich nie. Er nimmt sich vor, den gordischen Knoten, der ihn an ABT & PARTNER fesselt, zu durchhauen.

AUFBRUCH

Laut des Psychologen William James ist der stärkste Trieb des Menschen das Streben nach Anerkennung. Während seiner Zeit bei ABT & PARTNER hat Brot zahlreiche Variationen dieser oft unbewusst wirkenden Kraft kennen gelernt. Er hat einmal gelesen (und sich diese Vorstellung zu eigen gemacht), dass seine Mitmenschen ein unsichtbares Stirnband tragen, auf dem ihre wichtigsten Wünsche geschrieben stehen. Könnte man es sichtbar machen, würde man dort, mal in leuchtenden Lettern, mal in verblassender

Schrift, mal wie dahingeschmiert, mal in feiner Schön-schrift, mal in Ehrfurcht einflößenden Großbuchstaben, mal in linkischer Kleinschreibung, mal literarisch ver-brämt, mal voller Schreibfehler in allen Sprachen der Welt immer wieder auf die Botschaft stoßen: »Ich will beachtet werden.«

Brot hat gelernt, dass die Arbeit des Handelsvertreters zunächst einmal darin besteht, den individuellen Schlüssel zu finden, der auf das Bedürfnis des jeweiligen Kunden nach Beachtung und Befriedigung seiner Eitelkeit passt. Da-bei ist es völlig gleichgültig, ob er die kleine Angestellte für ihre gelungene Unscheinbarkeit lobt oder den Fabrikarbei-ter für seinen außergewöhnlichen Heckspoiler; die tierlie-bende Journalistin für ihren gelungenen Artikel über Hun-depflege, den Arzt für das Renommee seiner Klinik, den Bürgermeister für seine umsichtige Sozialpolitik, den Azubi für seine Berufswahl oder die lieben Lehrerinnen und Leh-rer für ihre sehr verantwortungsvollen und klugen Ent-scheidungen. Die Palette der Eitelkeiten ist bunt und kein Kunde wie der andere.

In einem zweiten Schritt kommt es dann darauf an he-rauszufinden, wo den Kunden der Schuh drückt. Und auch hier darf man sicher sein, dass immer ein aktuelles Problem vorhanden ist, das sich irgendwie materialisieren lässt. Je-der hat seinen wunden Punkt. Zwar passt der General-schlüssel Angst darauf grundsätzlich ganz gut, doch an dem Rohling muss Brot gehörig feilen. Zu präsent werden die Grundformen der Angst täglich über die Medien bear-beitet, als dass Brot wirklich etwas Neues hinzufügen oder aufzeigen könnte. Durch den gewohnten Umgang mit der Angst haben seine Kunden in der Regel funktionierende Si-cherungssysteme entwickelt. Allerdings – wirklich sicher ist ja niemand, und selten gibt es etwas, das sich nicht noch verbessern ließe.

Und drittens schließlich muss die Aufmerksamkeit des Beraters dem gelten, was der Kunde als sein Paradies erträumt. Bei dem einen ist es Selbstverwirklichung, beim anderen Liebe, beim dritten der Mercedes, beim vierten eine Immobilie, beim fünften die heile Familie, beim sechsten mehr Urlaub und mehr Freizeit, etc. etc.

Diese elementare Psychologie des Beratens und Verkaufens hat sich Brot hart erarbeitet – *on the job,* wie es heute heißt. Doch er glaubt, sich auch fachlich nicht länger verstecken zu müssen – jedenfalls nicht im Vergleich mit seinen Kollegen aus der Branche. Brots eigene Firma hingegen fristet nur noch ein Schattendasein. Dahin gibt es für ihn vorerst kein Zurück.

Inzwischen kann sich Brot eine Zusammenarbeit mit dem Frankfurter Büro von ABT & PARTNER nicht mehr vorstellen. Aber beinahe verbissen hält er daran fest, dass seine Anstrengungen und seine Investitionen nicht ganz umsonst gewesen sein können. Es muss doch Wege geben, so sagt er sich wieder und wieder, in der Finanzbranche seriös zu arbeiten und die erworbene Kompetenz in klingende Münze zu verwandeln, ohne permanent Kunden nachzustellen und Mitarbeiter anzuwerben.

VON DER DRÜCKERKOLONNE ZUR EDELBERATUNG

In dieser Phase erhält Brot das vielversprechende Angebot, bei einer börsennotierten Tochtergesellschaft von ABT & PARTNER, einem Finanzdienstleister für gehobene Einkommensgruppen und Akademiker, anzuheuern.

Neben einem festen Kundenstamm, einem eigenen Büro, einem großzügigen Vorschuss, guter Ausbildung und permanenter Fortbildung verspricht man ihm dort vor allem eines: Zeit. »In der Regel«, so vermittelt der Vorstand in einer Einführungsveranstaltung, »braucht ein neuer Mitarbeiter bei uns zwei bis drei, manchmal auch vier Jahre, bis er in die Gewinnzone kommt. Da wir das wissen, sollen Sie sich lediglich auf Ihre Aufgaben konzentrieren und sicher sein dürfen, dass wir, indem wir mit Ihnen einen Vertrag schließen, auch für Sie Sorge tragen.« Um das Vertrauen der Kunden zu gewinnen, so weiß Brot inzwischen, ist Zeit zu haben so wichtig wie Kompetenz, wichtiger noch als Konzeptionen und Konditionen. Vor allem kommt es darauf an, Schritt für Schritt auch im Service unter Beweis zu stellen, dass das in einen gesetzte Vertrauen gerechtfertigt ist. Hier ein Problem mit einem Versicherungsschaden zu klären, dort klugen Rat zu geben und generell ansprechbar zu sein, hält er für gute Voraussetzungen, bei Bedarf mit seinen Kunden auch ins Geschäft zu kommen.

In der Präambel einer Selbstbeschreibung der Firma ist zu lesen: Die Anliegen unserer Kunden stehen im Zentrum unserer Bemühungen.

Nach drei Gesprächen mit den zuständigen Geschäftsführern sagt Brot zu.

WIE DIE MUTTER SO DIE TOCHTER

Während ABT & PARTNER an Akademikern als Mitarbeitern nicht sonderlich interessiert ist, rekrutiert die Tochter Elite-ABT & PARTNER, die vor allem an Hochschulstandorten vertreten ist und ihre Kundschaft unter den Absolventen von

Universitäten und Fachhochschulen sucht, ihre Wirtschafts- und Finanzberater gerade aus dieser gesellschaftlichen Gruppe. Der Schlüssel zum Erfolg ist aber bei Mutter wie Tochter derselbe: die Kundenfindung und -bindung innerhalb von Peergruppen, nur halt auf anderem Niveau.

In der Praxis sieht das dann folgendermaßen aus: Absolventen eines Jurastudiums, die nicht gleich in eine Kanzlei einsteigen können und etwas zur Überbrückung suchen, nutzen den noch »warmen« Kontakt zu ihren Dekanen und Professoren, um nicht selten direkt in den Räumen der jeweiligen Institute Kunden für Elite-ABT & PARTNER zu akquirieren. Dabei werden die Werbeveranstaltungen natürlich als Seminarangebote zum Berufseinstieg, zur Existenzgründung oder Kanzleieröffnung getarnt, und Elite-ABT & PARTNER lässt sich dieses Privileg auch etwas kosten. Die Dekane, die chronisch unter Geldmangel leiden, haben gegen die ein oder andere Zuwendung in Form von Spenden für die Bibliothek, für eine Exkursion oder eine Feier in der Regel wenig einzuwenden.

Am Ende einer jeden Elite-ABT & PARTNER-Veranstaltung steht dann nicht nur die generöse Bewirtung mit leckeren Häppchen und Sekt, sondern auch die Bewertung des Seminars durch die Teilnehmer. Ganz nebenbei wird der Zuhörer, z.B. eines Rhetorikseminares, dann auch befragt, ob er grundsätzlich daran interessiert sei, demnächst eine individuell auf ihn und seine berufliche Ziele zugeschnittene Finanzanalyse – selbstverständlich kostenfrei – erstellen zu lassen. Neuerdings lockt Elite-ABT & PARTNER die jungen Examenskandidaten und Hochschulabsolventen zusätzlich mit kostenfreiem Online-Banking, Girokonto und einer zinsprivilegierten Kreditkarte aus dem eigenen Haus.

Die folgenschweren Konsequenzen der elitären Streicheleinheiten ergehen sich erst nach der Finanzanalyse und Beratung. Neben einer in aller Regel sinnvollen Absicherung im Bereich der Sachversicherungen, die besonders gut ausgestattet und kostengünstig ist, werden dem Kunden, stets unter dem Vorwand, nur Produkte anzubieten, die speziell auf die akademische Zielgruppe zugeschnitten sind, alle Produkte der Finanzdienstleistung verkauft oder oft reserviert (»wenn Sie erst Ihre Stelle haben, treten diese und jene Vorzüge in Kraft«), die es auch sonst auf dem Markt gibt.

In der Beratung werden dem Studenten Bilder eines zukünftigen Wohlstands vorgegaukelt, an die der natürlich allzu gerne glaubt. Im naiven Vertrauen auf die entsprechenden Karrieren und die damit verbundenen Einkommenssteigerungen werden dann die Verträge, die mit moderaten monatlichen Beiträgen um die 50 Euro beginnen, mit einer Beitragssteigerung von durchschnittlich zehn Prozent pro Jahr ausgestattet.

»Das muss schon so sein«, rechnet der Berater, Geldentwertung und den Wegfall staatlicher Sicherung einbeziehend, so deutlich wie möglich vor, »sonst wird es nichts mit den Millionen, die Ihre Karriere, Familie, Immobilie, Ihren Ruhestand sichern sollen.« Das sehen alle ein.

Gerne werden dann auch noch Laufzeiten für Lebensversicherungen gewählt, die jedes Maß der Vorhersehbarkeit sprengen. Mit dem Argument, dass es besonders vorausschauend sei, sich schon jetzt steuerliche Vorteile für den Lebensabend zu sichern, unterzeichnen Studenten, die noch nie eigenes Einkommen erzielt haben, Verträge über Lebensversicherungen mit über vierzigjähriger Laufzeit.

Zusätzlich wird gegenüber den jungen Kunden behauptet, es gehöre zum Konzept des Unternehmens, ausschließlich mit festen Beratern zu arbeiten, die ihn auf seiner beruflichen Laufbahn hautnah begleiten: »Von uns aus und wenn Sie wollen, betreue ich Sie lebenslang«, lautet der Spruch, der unerschütterliche Verbindungen begründen soll.

Maximal 200 Kunden pro Berater, lautet bei Elite-ABT & PARTNER die Formel für individuelle Betreuung. Bezogen auf die Einteilung der Kunden in A-, B- und C-Kunden – A für den Studienabgänger, B für den Bestandskunden, C für den erfolgreichen und pekuniär besonders interessanten Privatkunden – bedeutet das für den exklusiven C-Kunden, dass er sich seinen lebenslangen Elite-ABT & PARTNER-Berater mit 99 weiteren Millionären teilen muss, wenn er denn will, dass dieser finanziell einigermaßen über die Runden kommt.

Mit der Eröffnung immer neuer Geschäftsstellen, die in Wirklichkeit nur Zellteilungen sind, und einem galoppierenden Beraterzuwachs gelingt es Elite-ABT & PARTNER die Analysten mit zweistelligen Wachstumsraten zu beeindrucken. Während aber vor einiger Zeit noch Elite-ABT & PARTNER-Berater erst nach jahrelanger erfolgreicher Tätigkeit für das Unternehmen Geschäftsführer werden konnten, werden mittlerweile in zunehmendem Maße unerfahrene Youngsters ohne finanziellen Rückhalt gelockt, Geschäftsstellen zu eröffnen. Dass es dadurch zwangsläufig zu erschreckenden Imkompetenzen bei der Beratung und in der Mitarbeiterführung kommt, erlebt Brot beim Edeldrückerclub beinahe täglich.

Wie beim Mutterunternehmen, nur mit regelmäßigeren und verlässlicheren Zahlungen auf zu erwartende Umsätze, verschuldet sich der Jungberater von Elite-ABT & PARTNER innerhalb seines ersten Berufsjahres in der Regel mit bis zu

30 000 Euro. Bei einem zunehmend enger werdenden Markt und gleichzeitig wachsender Konkurrenz gibt das Gros der Neulinge spätestens im zweiten Jahr auf und muss in der Regel die Hälfte des »Vorschusses« an das Unternehmen zurückzahlen. Dumm gelaufen ist es aber einmal mehr nur für den Aussteiger: Der Mohr hat seine Schuldigkeit getan und eine Vielzahl von neuen Kunden geworben, von denen das Unternehmen noch lange gut leben kann.

Eigentliches personalpolitisches Ziel des Unternehmens ist es jedoch, sich aus der Masse der Neulinge, die das Futter liefern, die zukünftigen Büroleiter herauszupicken. Während die akademischen Jungberater, die sich nicht um eine Büroleitung bemühen, vom Vorstand in den Einführungsseminaren ganz offen als Idioten bezeichnet werden, lernen die Ehrgeizigen vor allem zwei Dinge: »Dein bester Kunde ist dein Mitarbeiter« und: »Wenn du in jedem Jahr nur einen neuen Mitarbeiter rekrutierst, bist du in vier Jahren aus dem Schneider, sprich: hast deinen Vorschuss wieder rein.«

Um das zu schaffen, muss der betreffende Mitarbeiter, so wird ihm vorgerechnet, im Bereich der Lebensversicherungen lediglich 40 Prozent der Provisionen aus vier Millionen Euro Versicherungssumme kassieren. Da müsse man nun wirklich ein Vollidiot sein, ließe man sich auf diesen Handel nicht ein. Wie bei der Muttergesellschaft wird auch bei Elite-ABT & PARTNER der Handel mit geschönten oder falschen Zahlen, hier wie dort Quotenrechnung genannt, als Manipulationsinstrument gegenüber den Beratern eingesetzt.

Und auch die Neukundengewinnung ist in der Praxis nicht so leicht, wie auf den Schulungen von Elite-ABT & PARTNER behauptet wird. Denn trotz gegenteiliger Beteuerungen ist das Unternehmen nicht mehr konkurrenzlos auf dem Akademikermarkt. Hinzu kommt, dass die einzelnen Büros teilweise in scharfem Wettbewerb zueinander stehen und sich die Kunden auch schon einmal gegenseitig abjagen. Die etwas clevereren Studenten haben den Braten längst gerochen und lassen sich hier mit Canapés und Sekt, dort mit kaltem Braten und anderswo gar mit Einladungen in Restaurants der gehobenen Gastronomie umgarnen. Nach einer dieser Veranstaltungen erzählt ein Student Brot ganz unverhohlen: »Beim Konkurrenten Konkav hat's mir besser geschmeckt. Beim nächsten Mal gehe ich wieder dorthin.«

Dementsprechend wird auf dem Campus mit harten Bandagen gekämpft: So muss Brot bei gelegentlichen Besuchen von Universitäten feststellen, dass seine Jungkollegen, die gerade mal 30 Jahre alt sind, Veranstaltungshinweise von Mitbewerbern entfernen, heimlich deren Flyer verschwinden lassen, mit Dekanen um Termine ringen und jedem potenziellen Kunden nachlaufen, der es nicht vorzieht, rechtzeitig aus der Schusslinie zu verschwinden. Wenngleich sie von der Unternehmensleitung dazu angehalten sind, sich nur um ihre ureigene Klientel zu kümmern (Juristen beraten Juristen), wird auch hier im näheren Umfeld gewildert: in der Studentenverbindung, bei der Verwandtschaft, im Freundeskreis.

»HAUEN SIE REIN ODER HAUEN SIE AB!«

Allein, Brot ist für andere Aufgaben vorgesehen. Er soll im Stammkundenkreis langjährige Mandanten, die durch Beraterabgänge seit kurzem unbetreut sind, wieder zurückgewinnen.

Ernst Rodenhausen, Geschäftsführer der Filiale, bei der Brot einsteigt, gibt zunächst allen Anlass, an die Seriosität des Unternehmens zu glauben, und steht allen bei, die seiner Linie folgen. Brot bildet da keine Ausnahme, auch als ihm nach einem halben Jahr klar ist, dass sich von den 150 Kunden, die man ihm übertragen hat, höchstens noch ein Drittel ansprechen lässt, mithin Umsätze erst aufgrund beharrlicher Kärrnerarbeit zu erwarten sind. Nur mit seinen eigenen Kunden, die er von ABT & PARTNER mitgenommen hat, und einigen neuen, ihm zugewiesenen Interessenten macht Brot Geschäfte. Der Rest verhält sich abwartend, und das verständlicherweise; denn er wurde vor Brots Zeit im Abstand von etwa einem halben Jahr mit immer wieder neuen Beratern beglückt. Manche haben innerhalb von fünf Jahren sieben Berater kennen gelernt. Typisch ist ein Telefonat mit einem Kunden, der sagt: »Lieber Herr Brot, gerne treffe ich mich mit Ihnen. Dann, wenn Sie in zwei Jahren noch da sind.«

Brot versichert allen Kunden, dass mit ihm vieles anders werde. In ersten Terminen macht er eine gründliche Bestandsaufnahme und verspricht, sich um ihre Angelegenheiten zu kümmern und die vorhandenen Verträge ernsthaft zu betreuen. Daran hält er sich – mit dem ausgesprochenen Einverständnis seines Büroleiters. Immerhin arbeitet Brot mit einem Kundenstamm, der zwischen 40 und 70 Jahre alt ist, in finanziellen Belangen wohlüberlegt handeln will und eher über- als unterversichert ist.

Dennoch bleibt genug zu tun. Aus- und Fortbildung, Beratungen in den Bereichen Finanzierungen, Existenzgründungen, Vermögensübertragung, Erben und Vererben sowie Verwaltungsaufgaben füllen Brot ein Jahr lang 60 Stunden in der Woche aus. Auf den Umsatzrankings, die wöchentlich aktualisiert und besprochen werden, ist Brot nie schlechter als der Durchschnitt, meistens besser. Auch das verleiht Brot Sicherheit, auf dem richtigen Weg zu sein.

Allerdings klagen junge Beraterkolleginnen aus anderen Büros über ungeheuren Leistungsdruck. Darauf angesprochen, brechen einige von ihnen in Tränen der Verzweiflung aus. Die jungen Sozialarbeiterinnen, Psychologinnen, Juristinnen oder Diplombiologinnen berichten von siebentägigen Arbeitswochen, permanenten Sonderschulungen, zerrütteten Partnerschaften, Schlaflosigkeit und klagen über Büroleiter, die sie permanent unter Druck setzen.

Der diplomierte Betriebswirt Rodenhausen, ein Mann der ersten Stunde bei Elite-ABT & PARTNER, der viel für den Aufbau des Unternehmens geleistet hat, hat die Leitung der Filiale, für die nun auch Brot tätig ist, in einem Augenblick übernommen, als nach einem Feuerwehrmann gerufen wurde. Er will grundlegende Maßnahmen zur Sanierung ergreifen und nimmt die Sache persönlich. Er stellt die Filiale auf den Kopf, untersucht die Gründe für die Abwanderung zahlreicher Kunden und Kollegen und appelliert an alle Mitarbeiter, die Anliegen ihrer Kunden wieder ins Zentrum der Arbeit zu stellen. Bei seinen Kontrollen kommt es zu ersten Differenzen mit älteren Beratern, die eher zugunsten der eigenen Geldbörse statt der ihrer Kunden beraten.

Doch der Vorstand des Edeldrückerunternehmens gibt Rodenhausen nicht einmal zwei Jahre Zeit, verlorenes Terrain zurückzugewinnen. Seine beharrliche Kritik an bestimmten Vertriebsmethoden, an der mangelhaften Qualität einzelner Produkte, am Rechnungswesen und am Dickicht unklarer Abrechnungssysteme führt dazu, dass man ihm kurzerhand den Stuhl vor die Tür setzt. Im Frühjahr 2001 erledigen Justiziare und Sicherheitsbedienstete in der Geschäftsstelle ihren Job: Der Büroleiter hat zehn Minuten Zeit, seine persönlichen Sachen zu packen und den Schlüssel abzuliefern.

Brot ist fassungslos; seine Assoziation: Stasi-Methoden.

Brot braucht und nimmt sich eine Auszeit. Nach drei Wochen kehrt er neu motiviert an seinen Arbeitsplatz zurück. Aber die Karawane ist schon weiter gezogen. Man hat andere Ideen. Das wiedergewonnene Vertrauen alter Bestandskunden zählt da nicht. Wenn Brot seinen Umsatz nicht äußerst rasch – binnen vier Wochen – um 120 Prozent steigere, macht man ihm unmissverständlich klar, seien auch seine Tage gezählt.

Die Geduld habe ein Ende. Egal ob er über ein Jahr lang beharrlich Kunden zurückgewonnen habe, mitten in Finanzierungen und Beratungen zur Existenzgründung und zu Vermögensübertragungen stehe – Querdenker unter den selbständigen Wirtschaftsberatern könne und wolle sich das Unternehmen nicht länger leisten. Sein Meister habe Umsatz zu heißen. Wenn er nicht kurzerhand wieder neue Kunden akquiriere und die dringend empfohlenen Produkte verkaufe, solle er sich aus dem Staub machen.

Brot unternimmt noch den absurden Versuch, beim Aufsichtsratsvorsitzenden an die Substanz des Unternehmens zu erinnern. Er legt Einspruch ein und verurteilt den kurzsichtigen Irrsinn, mit Methoden, die ihm von der Muttergesellschaft her nur zu gut bekannt sind, Kunden beraten und langfristig an sich binden zu wollen, die nicht gerade auf den Kopf gefallen sind.

Doch das Unternehmen sieht keinerlei Veranlassung, von der neuen Politik abzugehen. Brot erlebt das gleiche Spiel wie sein ehemaliger Büroleiter vor knapp drei Monaten – wenn auch dieses Mal ohne den Einsatz von Sicherheitspersonal. Der stellvertretende Geschäftsführer und der Leiter eines anderen Büros untersagen ihm den Zugang zu Büro, Logistik und Kunden.

Nach einem Jahr muss Brot erkennen, dass hier wie überall in der Branche letztendlich genau jenes Gesetz gilt, das ABT & PARTNER-Vertriebschef Esser auf einer Großveranstaltung jedem Finanzberater unmissverständlich als Schicksalsspruch ins Stammbuch schreiben wollte: »Hauen Sie rein oder hauen Sie ab!« Man sollte das wörtlich nehmen.

Nach seinem Rausschmiss bei dem Edelberaterclub hat Brot dort 15 000 Euro Schulden. Seine Rückzahlungsvereinbarungen mit Miriam, die inzwischen den Mann fürs Leben gefunden hat, muss er deshalb unterbrechen. Brot ist zumindest vorübergehend zum Sozialfall geworden.

Beyer steht auf dem Sprung zum Büroleiter. Bösser beißt sich immer noch die Zähne daran aus, Direktor zu werden. Judith Messer arbeitet inzwischen wieder im Friseurberuf. Schrot hat ein halbes Jahr nach Brot aufgegeben und es zuvor noch zum Teamleiter gebracht. Aber dann liefen ihm die Mitarbeiter wieder davon. Seine materielle Situation gleicht einem Scherbenhaufen, besonders seitdem er wieder auf das Drei-Euro-Niveau zurückgestuft wurde. Jetzt versucht er sich bei einem alternativen Beraterclub. Kürzlich haben Brot und er einander besucht. Sie haben sich keine Mühe gegeben, sich gegenseitig etwas vorzumachen.

Lena Maurer hat ihren Namen aus allen Adresslisten und Telefonbüchern streichen lassen. Ihr weiteres Schicksal bleibt verborgen.

Nur Knoll hat Karriere gemacht. Knoll ist seit einem halben Jahr Büroleiter in der Provinz. Dass er auf dem Weg dorthin ein halbes Haus verpfändet hat, steht auf einem anderen Blatt. Er weiß ja, dass der Preis im voraus zu entrichten ist. Er guckt wie stets ein bisschen beleidigt über seine Brillenränder, und wenn auch sein Anzug, ein wenig zu hell zwar, ziemlich fein aussieht, die passende Größe hat er immer noch nicht.

Werner Stark starb vor einem Jahr. ABT & PARTNER hat ihm den Rest gegeben. Nach seinem Abstecher dort hat er noch einen kurzen Ausflug in die Welt der Anzeigenblätter gewagt. Welche medizinischen Ursachen letztlich zu seinem Tod geführt haben, ist unbekannt, vielleicht auch unbedeutend.

Wie Sie sich vor Abzockerei schützen können

Was tun? Allfinanzdienstleister bieten durch die Vielfalt ihrer Produkte und Möglichkeiten sicherlich eine Alternative zu Banken, Investmenthäusern und Versicherungsgesellschaften. Allerdings: Der beste Rat, den zu haben alle vorgeben, findet seine Grenze stets an den angebotenen Produkten. Eine aktuelle Recherche, die das renommierte *manager-magazin* gemeinsam mit dem Leiter des Hannoveraner Instituts für Qualitätssicherung und Prüfung von Finanzdienstleistungen (IQF), Jörg Richter, durchgeführt hat, kommt zu dem Ergebnis, dass Banken und Finanzvertriebe sich in Sachen Verkaufsdruck und mangelnder Qualifikation in nichts nachstehen und beide für Frust beim Kunden sorgen. Die meisten Helfer seien eben doch vor allem Verkäufer und böten die hauseigenen Produkte feil. Finanzvertriebe wie AWD oder MLP versuchten zudem, die Kunden mit langfristigen oder komplizierten Lösungsvorschlägen an sich zu binden. Wer einmal in eine derart unübersichtliche Anlagestruktur einsteige, komme am Ende wahrhaftig nicht mehr ohne Berater klar (*manager-magazin* 1/2002).

Der beste Rat, der hier gegeben werden kann, ist der, dass Sie sich vor einer Beratung Klarheit darüber verschaffen, was Sie wollen und was Sie können, und dass Sie darüber auch bei Ihrem Berater so unmissverständlich wie möglich für Klarheit sorgen. Je genauer Sie wissen, welche Ziele und

Möglichkeiten Sie haben, desto weniger kann Ihnen passieren. Hilfreich sind Fragen wie: Was bewegt mich? Warum und wozu will ich dieses oder jenes? Wieviel kann ich realistischerweise beiseite legen?

Überprüfen Sie im Anschluss an eine Beratung noch einmal für sich, ob Ihre Erwartungen auch wirklich eingelöst wurden. Wenn Ihnen eine Vorgehensweise oder ein bestimmtes Produkt sinnvoll erscheinen, fragen Sie Ihren Berater, wo geschrieben steht, dass Ihre Zielsetzungen und Anforderungen auch erfüllt werden. So Sie noch Fragen haben, bitten Sie Ihren Berater um genaue Erläuterung und bestehen Sie darauf, dass er Ihnen auch Alternativen vorlegt. Wägen Sie die Vor- und Nachteile ab.

Informieren Sie sich immer auch parallel. Wenn Sie von verschiedenen Seiten widersprüchliche Auskünfte erhalten, bietet sich Ihnen eine gute Gelegenheit, Ihrem Berater auf den Zahn zu fühlen. Bedenken Sie stets, dass Ihre Umstände – die Rahmenbedingungen, unter denen Sie heute eine Entscheidung treffen – von heute auf morgen oder in fünf Jahren völlig andere sein können. Fragen Sie: »Was passiert, wenn ...«

Sollten Sie Entscheidungen treffen wollen, welche sich auf Zeiträume beziehen, die Sie kaum übersehen können – diese beginnen in der Regel ab fünf Jahren –, nehmen Sie sich besonders viel Zeit. Denn nichts ist so sicher wie die Veränderung – in Ihren Verhältnissen, aber auch bei der Unternehmung, an die Sie sich binden wollen.

Suchen Sie ruhig den Rat von Verbraucherzentralen, aber lassen Sie sich auch dort nichts vormachen. Denn oft kennt man die Produkte und deren Unterschiede dort ebenfalls nicht richtig. Bedenken Sie auch, dass die meisten Empfehlungen nur auf Grund eines sehr kurzen Erhebungs- und Betrachtungszeitraumes gegeben werden.

Denken Sie vor einem Abschluss auch an folgendes: Mit an Sicherheit grenzender Wahrscheinlichkeit dürfen Sie davon ausgehen, dass Ihr Berater bei Ablauf Ihrer Anlage nicht mehr für Sie da sein wird. Das gilt zunehmend auch für die Angestellten von Banken und Sparkassen. Nehmen Sie sich deshalb die Zeit, den Versprechungen auf den Grund zu gehen. Machen Sie sich nichts vor – börsennotierte Unternehmen haben nur ein Ziel: den Umsatz zu steigern. Schon morgen sind Sie – der Kunde von heute – der Schnee von gestern.

Nachdem Sie Angebote erhalten haben, müssen Sie prüfen, ob diese Angebote zu dem passen, was Sie wollen. Millionen Kunden kaufen Lebensversicherungen und wollen eigentlich nur Geld anlegen. In der Regel kaufen sie nicht, was sie wollen oder brauchen. Vergleichen Sie die Situation bei einem Berater ruhig mit der in einem Supermarkt. Überlegen Sie: Wie oft habe ich wirklich nur das gekauft, was ich wollte? Wenn Sie sicher sind, dass das Angebot stimmt, fragen Sie auch nach seinen Nachteilen und nach Alternativen, und nehmen Sie sich dann für die Entscheidung Zeit.

Stellen Sie sich ruhig darauf ein, dass Sie im Ernstfall die Ihnen zugesicherte Leistung gerichtlich erstreiten müssen. Sicher wissen Sie längst, dass Recht haben und Recht bekommen, zwei verschiedene Paar Schuhe sind. Mit Ihrer Unterschrift unter Ihren ersten Versicherungsvertrag sollten Sie auch die entsprechende Rechtsschutzversicherung beantragt haben.

PRIVATE ALTERSVORSORGE

Die Finanzbranche rechnet allein für das Jahr 2002 mit Mittelzuflüssen in so genannte Riester-Produkte in Höhe von rund 30 Milliarden Euro. Und die Sparsummen werden von Jahr zu Jahr wachsen – denn die staatliche Förderung der Eigenbeiträge zur zusätzlichen Altersvorsorge in Höhe von zunächst ein Prozent des Einkommens bis zur Beitragsbemessungsgrenze steigen bis 2008 auf vier Prozent. Unabhängige Finanzdienstleister wittern ihre Chance darin, dass Verbraucherschützer die Anleger zu Recht vor vorschnellen Vertragsabschlüssen warnen. Das Vorpreschen mancher Versicherer und Banken könnte sich als Bumerang erweisen; denn durch die Verunsicherung steigt das Bedürfnis der Anleger nach unabhängiger Beratung.

Dass Sie diese auch von Beratern der Allfinanzvertriebe nicht erwarten können, dürfte Ihnen bei der Lektüre dieses Buches klar geworden sein. Vergessen Sie das nicht, wenn die neuen Spezialisten für Geldanlagen euphorisch, mit Visionen und Hoffnungen für Sie und sich selbst, auf Sie zukommen. Die Wahrscheinlichkeit, dass ausnahmslos jedes Institut ein oder mehrere Produkte auf den Markt bringen wird, die dem besonders umfangreichen Kriterienkatalog des Bundesaufsichtsamtes für das Versicherungswesen entsprechen werden, liegt bei 100 Prozent. Schon heute erhalten Sie von fast jedem Unternehmen der Finanzdienstleistungsbranche Beratungsgutscheine, die Ihnen mehr oder weniger verbindlich bei Ihrer Altersvorsorgeberechnung helfen sollen, die richtige Entscheidung zu treffen. Die Zahl der Angebote geht in die Tausende. Denken Sie aber daran, dass Sie vor Ihrem 60. Lebensjahr nur in Ausnahmefällen an die von Ihnen gesparten Beiträge kommen. Greifen Sie also nicht zu hoch und verweigern Sie Dynamiken, die über der Inflationsrate liegen.

Wenn Sie die Lücke in Ihrer Rentenzeit auffüllen wollen oder müssen, müssen Sie möglicherweise ein höheres Risiko in der Geldanlage eingehen, um die Chance auf eine höhere Rendite wahrzunehmen, ohne die Ihr eigentliches Ziel nicht zu erreichen ist.

DER RICHTIGE ZEITPUNKT

Ihre persönliche Situation ändert sich jedes Jahr, durchläuft aber auch verschiedene Lebensphasen wie Ausbildung, Familien- und Existenzgründung, wirtschaftliche Konsolidierung und Ruhestand. Daher definieren Sie Ihren jetzigen Status und lassen Sie sich die dafür passenden Produkte vorstellen und analysieren. Seien Sie ehrlich zu sich selbst. Wenn Sie am Berufsstart stehen, sollten Sie sich Geldanlagen in Investmentfonds zweimal überlegen, auch wenn die Renditechancen noch so verlockend sind. Das Risiko eines herben Verlustes, etwa durch ein völlig unvorhersehbares Ereignis, kann Sie härter treffen als 20 Jahre später, wenn Sie möglicherweise ausgesorgt haben. Drei bis fünf Jahre später tragen Sie vielleicht die Verantwortung für eine Familie und können wichtige Dinge nicht kaufen, weil die Geldanlage sich nicht wie erwartet entwickelt hat.

Bedenken Sie auch, dass Finanzdienstleister eine Vielzahl interessanter Produkte wie beispielsweise Bundesschatzbriefe gar nicht erst vermitteln und Produkte, für die die Berater-Verkäufer keine Provisionen erhalten, stets »uninteressant« sind. Auch im Jahr 2001 hat – wie schon zuvor im sagenhaften Börsenjahr 2000 – das oft gescholtene Sparbuch, was die Rendite betrifft, die Aktien geschlagen. Kein Wunder bei fast 20 Prozent Verlust, die allein der DAX im Jahr 2001 eingefahren hat.

Zum Zeitpunkt einer Immobilienfinanzierung sollten Sie

die Augen vor der Verantwortung infolge der Schuldenlast nicht verschließen. Die Frage: Was ist, wenn mir etwas passiert?, ist fortan Ihr ständiger Begleiter. Sollten Sie vom Berufsstart an gegen die wirtschaftlichen Folgen der Berufsunfähigkeit versichert sein, überprüfen Sie spätestens jetzt den aktuellen Status bzw. holen Sie dies, sofern noch möglich, nach.

VERSICHERUNGEN

Sofern sich die Frage nach einer privaten Krankenversicherung für Sie stellt, sind dabei auch Ihre individuellen Merkmale entscheidend. Hauptkriterium für oder wider sind hier jedoch die unterschiedlichen Leistungen der Versicherer. Hierzu sollten Sie sich einen Fragenkatalog ausarbeiten. Welche Leistungsmerkmale sind für Sie in Ihrer Situation wichtig, und wodurch könnten diese beeinflusst werden? Wie könnte sich Ihr persönliches und familiäres Umfeld ändern? Arbeiten Sie oder Ihr Partner in der Zeit der Kindererziehung weiter? Und danach? Wenn einer der beiden Partner aussetzt, wie lange? Lassen Sie sich hierfür Alternativen aufzeigen. Seien Sie besonders vorsichtig, wenn ein Berater behauptet, Ihnen nur eine Versicherung vermitteln zu können, die auf Ihre persönliche Situation passt. In der Regel kann und will er Ihnen – und allen seinen Kunden – dann auch genau nur diese eine verkaufen – völlig ungeachtet Ihrer konkreten Situation und Ihrer speziellen Wünsche.

Bei der Beantragung achten Sie peinlich genau auf den Fragenkatalog zu Ihrer gesundheitlichen Verfassung. Falls Sie hier falsche Aussagen machen, kann der Versicherer von dem Vertrag zurücktreten. Wenn Sie etwas angeben wollen, tun Sie das, auch wenn Ihr Berater das für unnötig erachtet. Im Zweifel verlieren Sie Ihren Versicherungsschutz! Dies gilt auch grundsätzlich für Lebensversicherungen, besonders dann, wenn Sie sich zusätzlich gegen Berufsunfähigkeit versichern.

Sachversicherungen sollten Jahresverträge sein. Den Leistungskatalog sollten Sie im voraus definieren. Lassen Sie sich Details nicht ausreden. Manchmal ist es besser, ein paar Euro mehr zu bezahlen, als im Schadensfall keinen ausreichenden Schutz zu haben. In diesem Bereich kann es sinnvoll sein, einen persönlichen Ansprechpartner oder eine Niederlassung in der Nähe zu haben. Das ist oft eine ganz persönliche Entscheidung. Wenn die Prämien »Ihres Nachbarn«, der in der Branche tätig ist, bezogen auf den notwendigen Leistungsumfang eines Produktes die Prämien des Marktdurchschnitts nicht überschreiten, kann es der beste Rat sein, diesem Nachbarn zu vertrauen. Im Schadensfall dürfte diese Nähe durch nichts und niemanden zu ersetzen sein. Neben der oben genannten Rechtsschutzversicherung ist die Privathaftpflichtversicherung die wichtigste Sachversicherung, die Sie auf jeden Fall haben sollten.

Immobiliendarlehen

Bei der Immobilienfinanzierung ist besondere Vorsicht geboten. Gleichgültig, ob es sich dabei um die eigene, die fremdgenutzte Immobilie oder einen Immobilienfonds handelt, behandeln Sie diese – in der Regel – sehr langfristige Finanzierung mit größtmöglicher Umsicht. Gleichgültig, ob Sie annuitätisch oder endfällig tilgen, die Immobilie gehört

Ihnen erst dann, wenn die letzte Rate von Zins und Tilgung bezahlt ist. Eine über Lebensversicherungen finanzierte selbstgenutzte Immobilie birgt – besonders im Falle von Zahlungsschwierigkeiten – ein so großes Risiko, dass hier davon abgeraten wird.

Mit einem richtungsweisenden Urteil hat der Europäische Gerichtshof mittlerweile für Klarheit in der Frage des Widerrufsrechts bei Immobiliendarlehen gesorgt, die an der Haustür vermittelt werden. Bislang waren solche Kredite vom einwöchigen Widerrufsrecht ausgenommen gewesen, wie es bei so genannten Haustürgeschäften – Verträgen, die außerhalb der Geschäftsräume des Verkäufers geschlossen werden – ansonsten immer gilt. Das ist seit Dezember 2001 anders und ist grundsätzlich auch für diejenigen relevant, die in den vergangenen Jahren mit dem Kauf einer überteuerten Immobilie als »Kapitalanlage« übers Ohr gehauen wurden. Liegt ein Haustürgeschäft vor und wurde der Kunde nicht ausdrücklich über seine Widerrufsrechte informiert, kann er unter Umständen die Bank zwingen, den Kredit nachträglich aufzulösen, Zinsen samt Zinseszins zurückzuzahlen und die überteuerte Schrottimmobilie zu übernehmen.

Bereits vor diesem Urteil des Europäischen Gerichtshofs sind in Deutschland erstmals Urteile ergangen, die Finanzdienstleister für schlechte Beratung in die Haftung nehmen. Begründung: Zum Zeitpunkt des Vertragsabschlusses hätten bereits negative Presseberichte über den verkauften Fonds vorgelegen, diese seien aber vom Berater vorsätzlich verschwiegen worden. Die Richter haben den Klägern in diesen Fällen den Anspruch auf eine Rückerstattung des vollen Kaufpreises zugesprochen.

Gebrauchen Sie Ihren gesunden Menschenverstand!

Oft genug wird uns geraten, vor der Unterschrift das Kleingedruckte zu lesen. Hier kann nur noch einmal mit Nachdruck darauf hingewiesen werden, genau das auch zu tun. Denn nur dort finden Sie die für Ihren Vertrag geltenden Bedingungen – nicht in den Versprechungen, nicht in den Ranglisten von Warentestern, nicht in Ihren Erwartungen.

Wer sein Auto aus Freude am Fahren kauft und nicht wegen der Zuverlässigkeit, des geringen Spritverbrauchs oder vieler anderer interessanter Kriterien, der soll das doch auch tun. Zu 90 Prozent werden Kaufentscheidungen aus dem Gefühl heraus getroffen. Daran wird sich auch in Zukunft wenig ändern. Kaufen macht eben Spaß. Der soll Ihnen ja auch nicht verdorben werden, selbst wenn Sie nur Image kaufen wollen. Wenn es Ihnen etwas wert ist, sich von Edeldrückern veredelte Einzelstücke zu besorgen, auch gut. Allerdings sollten Sie dann auch dazu stehen, wenn die Dinge sich anders entwickeln als erwartet. Fragen Sie sich und Ihren Berater, wer für falsche Beratung und falsche Entscheidungen haftet.

Vorsicht ist bei der Zumutung geboten, dem Berater gegenüber als gläserner Kunde dazustehen. Wenn Ihnen eine individuelle Analyse, ein Check-up oder ein Finanzreport (Stichwort: Financial Planning) angeboten werden, seien Sie in jedem Fall auf der Hut. Nicht immer zwar werden die Ergebnisse manipuliert, stets dienen die besagten Instrumente aber dazu, Lücken in Ihrer Planung aufzuzeigen, die die verkäuferische Absicht unterstützen.

Für eine umfassende und kluge Beratung reicht es in der Regel vollkommen aus, wenn Sie Ihre Absichten und Möglichkeiten klären. Besondere Vorsicht ist geboten, wenn man Ihnen empfiehlt, alle Produkte aus einer Hand zu beziehen. Klug beraten könnte man sein, ein produktunabhängiges Beraterhonorar zu vereinbaren. Der unabhängige Reutlinger Finanzanalytiker Volker Looman hat in seiner FAZ-Kolumne die gemischte Vergütung für Beratung und für die Vermittlung provisionsträchtiger Verträge als »fragwürdigen Etikettenschwindel« bezeichnet. Wer sich für private Finanzplanung interessiere, solle mit Beratern arbeiten, die langjährige Erfahrung haben, keine Provisionen für Vermittlungen kassieren und nur auf Honorarbasis tätig sind (*Frankfurter Allgemeine Zeitung* vom 12. 1. 2002). Sie muten auch keinem Zahnarzt zu, Ihr Gebiss kostenlos zu überprüfen, geschweige denn zu sanieren. Allerdings: wie bei Ärzten, Steuerberatern und Rechtsanwälten ist auch bei Finanzberatern die Honorarhöhe allein keine Garantie für Qualität und Kompetenz. Die guten Erfahrungen, die andere mit ihnen gemacht haben, schon eher.

Sollte sich Ihnen die Frage stellen, wie Sie aus einem Makler- oder Betreuungsvertrag wieder herauskommen, lesen Sie ihn einfach noch einmal. In der Regel ist dieser jederzeit kündbar und die in Bezug auf Versicherungen, Geldanlagen und Finanzierungen geschlossenen Verträge können mit den beteiligten Unternehmen direkt (und nur mit ihnen) auf Grund der jeweiligen Vertragsbedingungen geändert oder gelöst werden. Dabei ist Kulanz für diese Unternehmen nicht immer ein Fremdwort.

Finanzberater, wenn sie denn ehrlich sind, geben zu, dass der überwiegende Teil ihrer Kundschaft eher über- als unterversichert ist; auch, dass die meisten Kunden – vom speziellen Fall der Lebensversicherungen einmal abgesehen – über ganz vernünftige Mischungen in Sachen Geldanlage entschieden haben. Dennoch machen sich viele Kunden Sorgen, ob sie die richtige Geldanlage gewählt haben. Häufig ist einfach auch genügend Geld übrig, das angelegt werden sollte. Schließlich möchte ich an dieser Stelle anregen, auch einmal über andere Formen eines zukünftigen Investments nachzudenken: Viele Menschen auf dieser Erde haben nicht einmal den Bruchteil unserer Möglichkeiten. Die »Rendite« einer Patenschaft für ein Kind oder für eine sozial oder kulturell nicht völlig überflüssige Einrichtung könnte gegenüber den oft vagen Gewinnerwartungen, die wir bei konventionellen Geldanlagen haben, konkurrenzlos sein.

BERUFLICHE ALTERNATIVE?

Während im Bankgewerbe Massenentlassungen ins Haus stehen, wirbt man bei ABT & PARTNER und seinen »Töchtern« geradezu händeringend um neue, selbstverständlich nur geeignete Mitarbeiter, mit anderen Worten: um Sie. Überall sprießen neue Büros wie Pilze aus dem Boden. ABT & PARTNER verdichtet sein Vertreternetz nicht nur an Hochschulstandorten, sondern auch über Land, in Kommunen, die gerade einmal 12000 Einwohner haben. Sind Sie womöglich an einer Aufgabe im Ausland interessiert? Prima, ABT & PARTNER ist schon da, in allen deutschsprachigen Ländern sowieso, aber auch in England, Benelux und im romanischen Sprachraum. Der Sprung über den großen Teich und den gar nicht mehr eisernen Vorhang wird ebenfalls vorbereitet. ABT & PARTNER braucht Sie als Pionier.

Machen Sie sich nichts vor: Sie werden Drücker, auch wenn Sie sich Struki, Edelstruki oder Operating-Consultant mit elektronischer Plattform nennen. Zweifel an der Skrupellosigkeit von ABT & PARTNER sind kaum angebracht, wenn es darum geht, die oft ausweglose Situation von Menschen so lange auszunutzen, bis diese nicht mehr können. Das Risiko für die Unternehmen tendiert dabei gegen Null. Sie übertragen alle Risiken ihren Führungskräften, den einzelnen Büros und natürlich den neuen Mitarbeitern. Die sind ja selbständig, ob als Mitarbeiter oder Büroleiter.

Hilfestellungen dürfen Sie so lange erwarten, solange aus Ihnen noch irgend etwas herauszuholen ist. Aufwand und Ertrag geraten für die Unternehmen nicht so leicht in ein Missverhältnis. Mitarbeiter brauchen neue Kunden, Büroleiter neue Mitarbeiter. Und Büroleiter, die gleich neue Büroleiter werben, werden mit rund 25 000 Euro angemessen entschädigt.

In Zeiten hoher Arbeitslosigkeit kann natürlich auch ein Arbeitsplatz bei einem Finanzdienstleister locken – besonders, wenn hohe garantierte Vorschüsse angeboten werden und das Ambiente beeindruckt. Schon nach wenigen Monaten aber kann sich der Wind drehen und Sie befinden sich in einer materiellen Abhängigkeit, die Sie zuvor nur aus Albträumen kannten. Wenn Sie noch zweifeln oder jemanden kennen, der noch zweifelt, lesen Sie dieses Buch am besten noch einmal oder schenken Sie es ihm.

Anhang

Die Zeitschrift Cash hat ein Ranking der deutschen Allfinanzvertriebe nach der Höhe ihrer Provisionserlöse erstellt. Die nachste-
hende Liste beschränkt sich auf die sechs Allfinanzvertriebe mit
den höchsten Provisionserlösen im Jahr 2000. Die vollständige
Rangliste findet sich im Internet unter http://212.221.192.68/hit-
liste/special.php

Rang	Name	Provisionserlöse 2000 in Mio. Mark
1	DVAG Deutsche Vermögens-beratung AG[1]	1483,90
2	MLP Finanzdienstleistungen AG[2]	560,00
3	AWD Holding[3]	449,20
4	Bonnfinanz AG Vermögensberatung und Vermittlung[4]	204,00
5	OVB Vermögensberatung AG[5]	160,70
6	tecis Holding AG[6]	119,20

1 Der Branchenführer wurde Mitte der 70er Jahre von Reinfried
  Pohl gegründet, der bis heute Alleinvorstand des nach eigenen
  Angaben »weltweit größten eigenständigen Finanzvertriebs« ist.

Pohl hält 50% plus sechs Aktien an der Firma, AMB Generali (AMB steht für Aachener und Münchener Beteiligungsgesellschaft) 50% minus sechs Aktien. Von den Vertretern der DVAG sind im Jahr 1999 70,4% des Lebensversicherungsgeschäfts der AM Leben unter die Leute gebracht worden. Im November 2001 haben die DVAG und die Deutsche Bank ein umfassendes Vertriebsabkommen bekannt gegeben, das die gesamte Investmentfondspalette der Deutsche-Bank-Tochter DWS sowie die Finanz- und Bankprodukte der Deutschen Bank 24 umfassen soll. Die DVAG wird als der mobile Finanzvertrieb der Deutschen Bank 24 auftreten. Zusammen erreichen die beiden Organisationen 11,2 Millionen Privatkunden. Verlierer ist die Dresdner Bank, für deren Kapitalanlagegesellschaft Deutscher Investment Trust (DIT) die DVAG bislang der wichtigste Vertriebskanal war.

2 Die Marschollek, Lautenschläger und Partner AG oder kurz MLP fungiert als Holding mit zahlreichen Tochtergesellschaften, darunter die MLP Finanzdienstleistungen AG und die MLP Lebensversicherungen AG. Gegründet wurde die Gesellschaft Anfang der 70er Jahre von Eicke Marschollek und Manfred Lautenschläger, dem heutigen Aufsichtsratsvorsitzenden, in dessen Besitz sich auch 53,1% der Aktien befinden. Von Beginn an konzentrierte sich das Geschäft auf den anspruchsvollen Privatkunden und Akademiker. MLP ist seit 1988 an den Börsen im amtlichen Handel notiert und gehört seit Juli 2001 zu den Dax-30-Werten.

3 Der Allgemeine Wirtschaftsdienst wurde 1987 von Carsten Maschmeyer gegründet. Die AWD Holding AG, deren Vorstandvorsitzender Maschmeyer heute ist, ging im Oktober 2000 an die Börse. 53,2% der Aktien befinden sich im Besitz der Familie Maschmeyer, 20,6% im Besitz von AWD-Mitarbeitern und 26,2% im Streubesitz. Der AWD sieht sich selbst als größten un-

abhängigen Finanzdienstleister Europas und wirbt für seine Dienste mit dem Slogan »Ihr unabhängiger Finanzoptimierer«.

4 Der einstige Branchenprimus Bonnfinanz wurde 1970 ebenfalls von Reinfried Pohl (siehe DVAG) gegründet und gehörte bis Ende 2001 über die Versicherungsgruppe Deutscher Herold der Deutschen Bank. Mit der Übernahme der amerikanischen Vermögensverwaltungsgesellschaft Scudder durch die Deutsche Bank von Zurich Financial Services (ZFS) im Tausch u.a. gegen 75,9 % der Versicherungstochter Deutscher Herold befindet sich die Bonnfinanz AG seit Anfang 2002 im Besitz der ZFS.

5 Die OVB Vermögensberatung AG wurde 1970 als »Objektive Vermögensberatung« von Otto Wittschier gegründet, firmierte zwischenzeitlich als OVB Allfinanzvermittlungsgesellschaft mbH & Co. KG, die zur Hälfte dem Deutschen Ring gehörte, und wurde im Dezember 2000 in eine Aktiengesellschaft umgewandelt.

6 Die tecis Holding AG bezeichnet als ihre Kernkompetenz, »mit gut gemanagten Aktienfonds zu langfristigem Wohlstand und finanzieller Sicherheit« zu führen. Der tecis Konzern – eine Holding mit sechs Tochtergesellschaften – geht auf die 1986 gegründete TRITHAN Finanzdienstleistung GmbH zurück. Seit Ende Dezember 1991 firmiert die Gesellschaft unter ihrem heutigen Namen. Am 4. Dezember 1998 erfolgte der Börsengang.